단어 뜻을 직접 써 보며 외우면 기억에 착! 실력도 쑥쑥!

착! 붙는
일본어
단어장

저 **일본어 공부기술연구소**

🐞 시사일본어사

✳ 머리말

　외국어 중 쉬운 편이라는 일본어. 하지만 공부할수록 외워야 할 단어 수가 늘어나서 막막하셨죠? 〈착! 붙는 일본어 단어장〉은 일본어를 학습하며 첫 번째 난관에 부딪친 학습자들을 위해서 태어났습니다.

　초급을 마치고 중급으로 발돋움을 준비하는 학습자들이 꼭 알아야 할 단어로 구성되어 있으며, 일상생활에서도 사용 빈도가 높고, 시험에도 자주 나오는 단어만을 엄선하였습니다. JLPT N4 ~ N5, JPT 500점대의 단어들만 알면 중급으로 가는 일본어 실력을 갖추게 됩니다.

　단어를 외울 때 가장 좋은 방법은 문장으로 외우는 것입니다. 문장 안에서 어떤 뜻으로 사용되었는지를 이해하게 되면 기억에도 오래 남습니다. 테마별로 생생한 예문을 통해 단어를 외운 후에는 예문과 뜻을 가리고 빈칸에 직접 뜻을 써보며 셀프 테스트를 해 봅시다.

　공부할 시간이 없다는 핑계는 이제 그만! 공부는 책상에 앉아서만 하는 게 아닙니다. 단어뿐만 아니라 예문과 뜻까지 읽어 주는 무료 MP3 파일과 함께라면 언제 어디서든 손쉽게 일본어 공부를 할 수 있습니다.

　〈착! 붙는 일본어 단어장〉으로 읽고, 쓰고 들어 보는 복합적인 학습 방법을 통해서 학습자 여러분의 일본어 실력이 더욱 향상되기를 바랍니다.

저자 일본어 공부기술연구소

✱ 목차

✳ 이 책의 사용법

테마별로 학습하는 단어장

사전처럼 나열된 단어장이 아니라 테마별로 연관된
어휘들을 생생한 예문과 함께 제시하여 더욱 재미있
게 학습할 수 있도록 구성하였습니다.

핸드폰으로 QR코드를 찍어
음성을 들어 보세요.

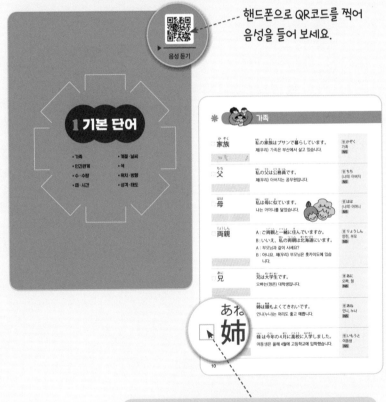

체크 박스로 셀프 확인!

단어 앞의 □ 박스에 체크하면서 외운 단어를 잘
기억하고 있는지 확인해 볼 수 있습니다.
기억이 나지 않는 단어를 위주로 다시 한 번 학습
해 보세요.

써 보면서 익히면 실력이 착착!

단순히 눈으로 보기만 하지 말고 펜을 들고 직접
단어 뜻을 써 봅시다. 오른쪽 예문을 가리고 써 보
면 셀프 미니 테스트로도 활용 가능합니다.

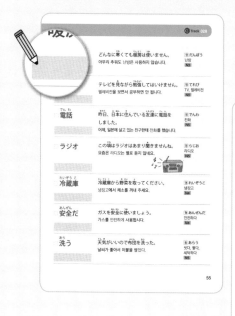

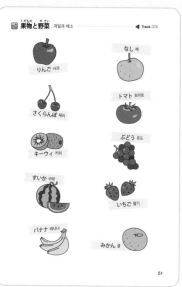

그림으로 익히는 필수 단어

일상생활에서 많이 사용되는 단어들을 중심으로
구성된 그림 사전입니다. 한눈에 들어오는 그림을
보며 어려운 단어도 쉽게 외울 수 있습니다.

음성 듣기

1 기본 단어

- 가족
- 인간관계
- 수 · 수량
- 때 · 시간
- 계절 · 날씨
- 색
- 위치 · 방향
- 성격 · 태도

 가족

☐ **家族** ^{か ぞく} 가족 ✏	^{わたし} の^{か ぞく}はプサンで^くらしています。 제(우리) 가족은 부산에서 살고 있습니다.	명 かぞく 가족 N5
☐ **父** ^{ちち}	^{わたし} の^{ちち}は^{こう む いん}です。 제(우리) 아버지는 공무원입니다.	명 ちち (나의) 아버지 N5
☐ **母** ^{はは}	^{わたし} は^{はは}に^にています。 나는 어머니를 닮았습니다.	명 はは (나의) 어머니 N5
☐ **両親** ^{りょうしん}	A：ご^{りょうしん}と^{いっしょ}に^すんでいますか。 B：いいえ、^{わたし} の^{りょうしん}は^{ほっかいどう}にいます。 A：부모님과 같이 사세요? B：아니요. 제(우리) 부모님은 홋카이도에 있습니다.	명 りょうしん 양친, 부모 N5
☐ **兄** ^{あに}	^{あに}は^{だいがくせい}です。 형은(오빠는) 대학생입니다.	명 あに 오빠, 형 N5
☐ **姉** ^{あね}	^{あね}は^{あたま}もよくてきれいです。 누나(언니)는 머리도 좋고 예쁩니다.	명 あね 언니, 누나 N5
☐ **妹** ^{いもうと}	^{いもうと} は^{ことし}の^{がつ}に^{こうこう}に^{にゅうがく}しました。 여동생은 올해 4월에 고등학교에 입학했습니다.	명 いもうと 여동생 N5

□ **弟** おとうと	弟は自分の部屋を掃除しました。 남동생은 자기 방을 청소했습니다.	명 おとうと 남동생 N5
□ **祖父** そ ふ	亡くなった祖父のことを思い出すと涙が出る。 돌아가신 할아버지를 떠올리면 눈물이 난다.	명 そふ 조부, 할아버지 N4
□ **祖母** そ ぼ	祖母は今年で78歳になりました。 할머니는 올해 78세가 되었습니다.	명 そぼ 조모, 할머니 N4
□ **お父さん** とう	家に帰るとお父さんが玄関で待っていた。 집에 돌아오니 아버지가 현관에서 기다리고 있었다.	명 おとうさん 아버지 N5
□ **お母さん** かあ	チェさんのお母さんはやさしい人です。 최 씨의 어머니는 상냥한 사람입니다.	명 おかあさん 어머니 N5
□ **おじいさん**	田中さんのおじいさんはとても元気な人です。 다나카 씨의 할아버지는 매우 건강한 분이십니다.	명 おじいさん 할아버지 N5
□ **おばあさん**	おばあさんは60歳を過ぎてから、英語の勉強を始めました。 할머니는 60세가 넘어서부터 영어 공부를 시작했습니다.	명 おばあさん 할머니 N5

11

□ 兄弟（きょうだい）

兄弟（きょうだい）がいる友達（ともだち）がうらやましい。

형제가 있는 친구가 부럽다.

명 きょうだい
형제
N5

□ 姉妹（しまい）

あの姉妹（しまい）は仲（なか）がいい。

저 자매는 사이가 좋다.

명 しまい
자매
N4

□ 息子（むすこ）

帽子（ぼうし）をかぶっているのがうちの息子（むすこ）です。

모자를 쓰고 있는 게 우리 아들입니다.

명 むすこ
아들
N3

□ 娘（むすめ）

娘（むすめ）が結婚（けっこん）するので、複雑（ふくざつ）な気持（きも）ちです。

딸이 결혼해서 복잡한 심정입니다.

명 むすめ
딸
N4

□ 赤（あか）ちゃん

赤（あか）ちゃんが生（う）まれてから、タバコをやめました。

아기가 태어나고 나서 담배를 끊었습니다.

명 あかちゃん
아기
N4

□ 赤（あか）ん坊（ぼう）

彼女（かのじょ）の手（て）は赤（あか）ん坊（ぼう）のように小（ちい）さい。

그녀의 손은 어린아이처럼 작다.

명 あかんぼう
갓난아이,
어린아이
N4

□ お子（こ）さん

山崎（やまざき）さんのお子（こ）さんは絵（え）が上手（じょうず）ですね。

야마자키 씨의 자제분은 그림을 잘 그리네요.

명 おこさん
자제(남의 자식을
부르는 말)
N4

しゅじん □ **主人**	今日、主人の帰りは遅くなります。 오늘 남편은 늦게 돌아옵니다. 참고 ご主人 (남의 남편) 남편분	몡 しゅじん ①주인 ②남편 N4
おっと □ **夫**	毎朝、夫のためにお弁当を作っている。 매일 아침 남편을 위해서 도시락을 만들고 있다.	몡 おっと 남편 N4
つま □ **妻**	妻はデザイン関係の仕事をしています。 아내는 디자인 관련의 일을 하고 있습니다.	몡 つま 아내 N4
か ない □ **家内**	家内は料理が上手です。 아내는 요리를 잘합니다.	몡 かない ①(자기) 아내 ②집안 N5
おく □ **奥さん**	鈴木さんの奥さんは、アメリカ人です。 스즈키 씨의 부인은 미국인입니다.	몡 おくさん 부인(남의 아내를 일컫는 말) N5
わたし □ **私**	私は今、料理学校に通っています。 나는 지금 요리 학교에 다니고 있습니다. 참고 わたくしはわたしより 공손한 표현	몡 わたし・ わたくし 나, 저 N5
しんせき □ **親戚**	東京で親戚の会社に就職しました。 도쿄에서 친척 회사에 취직했습니다.	몡 しんせき 친척 N4

□ **関係**
かんけい

近年、韓国と日本の関係がとてもよく
なりましたね。
근래, 한국과 일본의 관계가 아주 좋아졌네요.

图 かんけい
관계
N4

□ **女性**
じょせい

女性の社会的地位が高くなった。
여성의 사회적 지위가 높아졌다.

图 じょせい
여성
N4

□ **男性**
だんせい

あそこでタバコを吸っている男性が佐藤
さんです。
저기서 담배를 피우는 남성이 사토 씨입니다.

图 だんせい
남성
N4

□ **方**
かた

あの方は、私の日本語の先生です。
저 분은 제 일본어 선생님입니다.

图 かた
분(사람을 높여서
이르는 말)
N4

□ **客**
きゃく

この食堂はおいしいので、いつも客が
たくさんいます。
이 식당은 맛있어서 항상 손님이 많습니다.

图 きゃく
손님
N4

□ **大人**
おとな

大人になりたくありません。
어른이 되고 싶지 않습니다.

图 おとな
성인, 어른
N5

□ **子供**
こども

あのうちには子供が3人もいます。
저 집에는 아이가 세 명이나 있습니다.

图 こども
①아이
②자기의 자식
N5

14

ひと **人**	^{がいこくご} ^{ひと} ^{さが} 外国語ができる人を探している。 외국어를 할 수 있는 사람을 찾고 있다.	명 ひと 사람 N5

かのじょ **彼女**	^{かのじょ} ^{い ぜん} ^あ 彼女には、以前、会ったことがあります。 그녀하고는 일전에 만난 적이 있습니다.	명 かのじょ 그녀 N4

かれ **彼**	^{かれ} ^{がっこう} ^{せいと} 彼はうちの学校の生徒です。 그는 우리 학교 학생입니다.	명 かれ 그, 그이 N4

かれ **彼ら**	^{かれ} ^{いっしょ} 彼らはいつも一緒にいます。 그들은 항상 같이 있습니다.	명 かれら 그들, 그 사람들 N4

みな **皆さん**	^{みな} ^{あした} ^{あさ} ^じ ^{おく} 皆さん、明日の朝9時までに遅れない ^き ように来てください。 여러분, 내일 아침 9시까지 늦지 않도록 와 주세요.	명 みなさん 여러분 N5

あ **会う**	^{いそが} ^{ともだち} ^あ ^{じ かん} 忙しくて、友達に会う時間がない。 바빠서 친구를 만날 시간이 없다.	동 あう 만나다 N5

あつ **集まる**	^じ ^{ひこうき} ^の ^じ ^{くうこう} 10時の飛行機に乗るので8時には空港に ^{あつ} 集まってください。 10시 비행기를 타니까 8시에는 공항에 모여 주세요.	동 あつまる 모이다 N4

15

□ 自分で

いつも自分で料理をします。

항상 (제가) 직접 요리를 합니다.

참고 自分 자기, 자신(대명사로는 나, 저)

[부] じぶんで
직접, 스스로
N4

□ 僕

僕がここにいたことは秘密だよ。

내가 여기에 있었던 것은 비밀이야.

[명] ぼく
(남자의 자칭) 나
N4

□ きみ

きみに貸した本、返してほしいんだけど。

너에게 빌려준 책, 돌려주었으면 좋겠는데.

[명] きみ
너, 자네
N4

□ 名前

私の名前は、田中一郎です。
どうぞよろしくお願いします。

제 이름은 다나카 이치로입니다. 잘 부탁합니다.

[명] なまえ
이름
N4

□ 友達

昨日、友達の家に行って、ごはんを一緒
に食べました。

어제, 친구 집에 가서 밥을 같이 먹었습니다.

[명] ともだち
친구
N5

□ 若い

あの人は若いのに子供が3人もいます。

저 사람은 젊은데 아이가 세 명이나 있습니다.

[형] わかい
①젊다
②어리다
N4

□ 生まれる

生まれた子供はかわいい女の子でした。

태어난 아기는 예쁜 여자아이였습니다.

[동] うまれる
출생하다,
태어나다
N5

16

□ **じゃま**	べんきょう かえ 勉強のじゃまをするなら帰ってください。 공부를 방해할 거면 돌아가세요.	몡 じゃま 방해, 훼방 N4
しょうかい □ **紹介**	りゅうがくせい じぶん くに ぶんか しょうかい 留学生が自分の国の文化を紹介した。 유학생이 자기 나라의 문화를 소개했다.	몡 しょうかい 소개 N4
せ わ □ **世話**	びょうき はは せわ 病気の母の世話をしなければいけないの たいへん で、大変です。 아픈 어머니를 보살펴야 해서 힘듭니다.	몡 せわ 보살핌, 도와줌, 시중듦 N4
そうだん □ **相談**	そうだん じかん 相談したいことがあるのですが、お時間 よろしいですか。 상담하고 싶은 것이 있는데 시간 괜찮으세요?	몡 そうだん 상담, 상의, 의논 N4
はいけん □ **拝見**	え いぜん はいけん その絵は、以前、拝見したことがあります。 그 그림은 전에 본 적이 있습니다. 참고 はいけん み よ 拝見은 見る・読む의 겸손한 표현	몡 はいけん 배견, 삼가 봄 N3
れい □ **お礼**	そつぎょうしき せんせい れい てがみ よ 卒業式で先生にお礼の手紙を読んだ。 졸업식에서 선생님께 감사의 편지를 읽었다.	몡 おれい 감사의 인사, 또는 그 말이나 물건 N3

17

□ **失礼**
しつれい

年上の人にそのような話し方は失礼です。
としうえ　ひと　　　　　　　はな　かた　しつれい

손윗사람한테 그런 말투는 실례입니다.

🖋

명 しつれい
실례
N4

□ **約束**
やくそく

1年前のあの約束を覚えていますか。
ねんまえ　　　　やくそく　おぼ

1년 전 그 약속을 기억하고 있어요?

명 やくそく
약속
N4

□ **謝る**
あやま

彼女に約束を守らなかったことを謝らな
かのじょ　やくそく　まも　　　　　　　　あやま
ければいけない。

그녀에게 약속을 지키지 않았던 것을 사과해야
한다.

동 あやまる
사과하다,
사죄하다
N4

□ **いじめる**

弱いものをいじめてはいけません。
よわ

약자를 괴롭혀서는 안 됩니다.

동 いじめる
(약한 자를)
괴롭히다,
학대하다
N4

□ **合う**
あ

年が同じだから話がよく合います。
とし　おな　　　　　はなし　　　あ

나이가 같아서 말이 잘 통합니다.

동 あう
맞다, 통하다
N4

□ **別れる**
わか

二人はけんかをして別れました。
ふたり　　　　　　　　わか

두 사람은 싸움을 해서 헤어졌습니다.

동 わかれる
헤어지다
N4

□ **理解する**
り　かい

相手を理解することが重要だ。
あいて　り　かい　　　　　じゅうよう

상대를 이해하는 것이 중요하다.

동 りかいする
이해하다
N4

以上 (いじょう)

日本には10回以上行ったことがあります。
일본에는 열 번 이상 가 본 적이 있습니다.

명 いじょう
이상
N4

以下 (いか)

15歳以下の人はこの映画を見ることが
できません。
15세 이하인 사람은 이 영화를 볼 수 없습니다.

명 いか
이하
N4

以外 (いがい)

私の家族は父以外、みんな猫が好きだ。
우리 가족은 아버지 이외에 모두 고양이를 좋아
한다.

명 いがい
이외, 그 밖
N4

いくつ

お箸はいくつ要りますか。
젓가락은 몇 개 필요하세요?

명 いくつ
몇, 몇 개
N5

いくら

このカメラはいくらですか。
이 카메라는 얼마입니까?

명 いくら
얼마(부사로는
아무리)
N5

一人 (ひとり)

危ないので夜は一人で外に出ない方が
いいです。
위험하니까 밤에는 혼자 밖에 나가지 않는 게 좋
아요.

명 ひとり
한 사람, 한 명
부 ひとりで
혼자(서)
N5

一流 (いちりゅう)

一流の大学に入るため夜も寝ないで勉強
する。
일류 대학(명문대)에 들어가기 위해 밤에도 안 자
고 공부한다.

명 いちりゅう
일류
N3

□ **一番** <small>いちばん</small>	彼はこの学校で一番、頭がいいです。 그는 이 학교에서 제일 머리가 좋습니다.	圏圓 いちばん 첫 번째, 제일, 가장 N5
□ **一度** <small>いちど</small>	アメリカには、一度行ったことがあります。 미국에는 한 번 가본 적이 있습니다.	圏 いちど 한 번, 1회 N4
□ **半** <small>はん</small>	このレポートを書くのに1日半かかった。 이 리포트를 쓰는 데 하루 반나절 걸렸다.	圏 はん 반, 절반 N4
□ **倍** <small>ばい</small>	エベレストは富士山の2倍以上高いです。 에베레스트는 후지산의 두 배 이상 높습니다.	圏 ばい 배, 곱절 N3
□ **零・0** <small>れい</small>	テストで0点をとりました。 테스트에서 0점을 맞았습니다.	圏 れい 영, 0 N4
□ **億** <small>おく</small>	日本の人口は約一億三千万人です。 일본의 인구는 약 1억 3천만 명입니다.	圏 おく 억 N4
□ **大勢** <small>おおぜい</small>	夏休みに、大勢の人が海に来ます。 여름휴가 때 많은 사람들이 바다에 옵니다.	圏 おおぜい 많은 사람, 여럿 N5

□ キロ	家から会社まで30キロくらいです。 집에서 회사까지 30킬로미터 정도입니다.	🅜 きろ 킬로그램·킬로미터의 줄임말 N5
□ グラム	牛肉を100グラムください。 소고기를 100그램 주세요.	🅜 ぐらむ 그램(무게를 나타내는 단위) N5
□ メートル	100メートルを12秒で走る。 100미터를 12초로 달린다.	🅜 めーとる 미터 N5
□ ページ	教科書80ページを開いてください。 교과서 80페이지를 펴 주세요.	🅜 ぺーじ 페이지 N5
□ 割合	男子が6割、女子が4割の割合です。 남자가 6할, 여자가 4할의 비율입니다.	🅜 わりあい 비율 N4
□ 二十歳	タバコは二十歳になるまで吸ってはいけません。 담배는 스무 살이 될 때까지 피워서는 안 됩니다.	🅜 はたち 20세, 스무 살 N5
□ 上がる	今度のテストはがんばったので、成績が上がった。 이번 시험은 열심히 해서 성적이 올랐다.	🅭 あがる ①오르다 ②높아지다 N4

数・数量 🔊Track 008

□ 下_さがる	夜_{よる}になって、急_{きゅう}に温度_{おんど}が下_さがった。 밤이 되면서 갑자기 기온이 내려갔다.	동 さがる ①내려가다 ②(수나 정도가) 낮아지다 N4
□ 増_ふえる	日本_{にほん}に来_くる外国人_{がいこくじん}が増_ふえています。 일본에 오는 외국인이 늘고 있습니다.	동 ふえる 늘다, 증가하다 N4
□ 減_へる	みんなの協力_{きょうりょく}でゴミが減_へりました。 모두의 협력으로 쓰레기가 줄었습니다.	동 へる 줄다, 적어지다 N3
□ 料金_{りょうきん}	子供_{こども}の料金_{りょうきん}も大人_{おとな}と同_{おな}じです。 어린이 요금도 어른과 같습니다.	명 りょうきん 요금 N4
□ たくさん	今日_{きょう}は安_{やす}かったのでたくさん買_かった。 오늘은 저렴했기 때문에 많이 샀다.	부 たくさん 많이 N5
□ 数字_{すうじ}	チケットの数字_{すうじ}は座席_{ざせき}の番号_{ばんごう}です。 티켓의 숫자는 좌석 번호입니다.	명 すうじ 숫자 N4
□ かかる	EMSで出_だせば2,000円_{えん}かかります。 EMS로 부치면 2,000엔 들어요.	동 かかる (비용이) 들다 N4

□ 今日 きょう	今日は天気がとてもいいです。 오늘은 날씨가 아주 좋습니다.	명 きょう 오늘 N5
□ 昨日 きのう	昨日は学校が休みでした。 어제는 학교가 쉬는 날이었습니다.	명 きのう 어제 N5
□ 明日 あした	明日は雪が降るそうです。 내일은 눈이 온다고 합니다.	명 あした 내일 N5
□ 明後日 あさって	明後日、日本語のテストがあります。 모레, 일본어 시험이 있습니다.	명 あさって 모레 N5
□ 一昨日 おととい	一昨日の夜、おじいさんが家へ来ました。 그저께 밤에, 할아버지가 우리 집에 왔습니다.	명 おととい 그저께 N5
□ うち	若いうちに色々な経験をした方がいい。 젊을 때에 다양한 경험을 하는 편이 좋다.	명 うち 범위 내, ~중·동안 N4
□ 今 いま	今、何時ですか。 지금 몇 시입니까?	명 いま 지금, 현재(부사로 는 이제, 방금, 막) N5

□ **先_{さき}に**

先_{さき}に勉_{べんきょう}強をしてから、テレビを見_みます。

먼저 공부를 하고 나서 텔레비전을 봅니다.

| 剾 さきに
앞서, 먼저, 우선
N5

□ **さっき**

さっき昼_{ひる}ご飯_{はん}を食_たべたばかりだ。

아까 점심을 막 먹었다.

| 몡 さっき
아까, 조금 전
N4

□ **次_{つぎ}**

次_{つぎ}の試_し験_{けん}は2週_{しゅう}間_{かん}後_ごです。

다음 시험은 2주일 후입니다.

| 몡 つぎ
다음
N5

□ **昔_{むかし}**

私_{わたし}は昔_{むかし}から美_び術_{じゅつ}に興_{きょう}味_みがあった。

나는 예전부터 미술에 흥미가 있었다.

| 몡 むかし
옛날, 예전
N4

□ **このごろ**

このごろ暖_{あたた}かくなってきた。

요즘 따뜻해졌다.

| 몡 このごろ
요사이, 요즘
N4

□ **この間_{あいだ}**

この間_{あいだ}一_{いっ}緒_{しょ}に食_たべた寿_す司_しは、あまりおい
しくなかったね。

요전에 같이 먹은 초밥은 별로 맛이 없었지.

| 몡 このあいだ
일전, 요전
N4

□ **初_{はじ}め**

旅_{りょ}行_{こう}に行_いくのは5月_{がつ}の初_{はじ}めです。

여행을 가는 것은 5월 초입니다.

참고 始_{はじ}め 시작

| 몡 はじめ
처음, 최초,
~초, ~초순
N5

24

_お**終わり**	_{がっ き} _お _{し けん} 学期の終わりに試験がある。 학기 말에 시험이 있다.	명 おわり 끝, ~말 N4
_{き かい}**機会**	_{さいきんいそが} _{ともだち} _あ _{き かい} _へ 最近忙しくて、友達と会う機会が減りました。 요즘 바빠서 친구와 만날 기회가 줄었습니다.	명 きかい 기회 N4
_{ご ぜん}**午前**	_{ご ぜんちゅう} _{べんきょう} _{ご ご} _{ともだち} _{あそ} 午前中に勉強して、午後は友達と遊びました。 오전 중에 공부하고 오후에는 친구와 놀았습니다.	명 ごぜん 오전 N5
_{ご ご}**午後**	_{きょう} _{ご ご} _{あつ} 今日の午後はとても暑いそうです。 오늘 오후는 매우 덥다고 합니다.	명 ごご 오후 N5
_{ねん/とし}**年**	_{ねん} _{かんせい} _{よ てい} 2040年に完成する予定だ。 2040년에 완성될 예정이다. _{かのじょ} _{とし} _さ _{さい} 彼女とは年の差が8歳ある。 그녀와는 나이 차가 8살 난다.	명 ねん・とし ①~년, 해 ②나이 N4
_{きょねん}**去年**	_{きょ ねん} _い 去年、スペインに行きました。 작년에 스페인에 갔습니다.	명 きょねん 작년, 지난해 N5

□ 今朝
けさ

今朝は寒かったです。
けさ　さむ

오늘 아침은 추웠습니다.

图 けさ
오늘 아침
N5

□ 今晩
こんばん

今晩、何か予定がありますか。
こんばん　なに　よてい

오늘 밤, 무슨 예정이 있으세요?

图 こんばん
오늘 밤
N5

□ 今夜
こんや

今夜はカレーを作ります。
こんや　　　　　　つく

오늘 밤은 카레를 만듭니다.

图 こんや
오늘 밤
N4

□ 今度
こんど

今度会えるのを楽しみにしていますね。
こんど あ　　　　たの

다음에 만날 수 있기를 기대하고 있겠습니다.

图 こんど
①이번
②다음, 다음번
N4

□ 今週
こんしゅう

今週の金曜日は学校が休みです。
こんしゅう きんようび がっこう やす

이번 주 금요일은 학교가 쉽니다.

图 こんしゅう
이번 주, 금주
N5

□ 今月
こんげつ

今月の8日は水曜日です。
こんげつ ようか すいようび

이번 달 8일은 수요일입니다.

图 こんげつ
이번 달
N5

□ 今年
ことし

今年の夏は去年の夏より暑かったです。
ことし なつ きょねん なつ　　あつ

올해 여름은 작년 여름보다 더웠습니다.

图 ことし
금년, 올해
N5

26

再来週 さらいしゅう	再来週の土曜日に会いましょう。 다다음 주 토요일에 만납시다.	명 さらいしゅう 다다음 주 N4
再来月 さらいげつ	再来月から冬休みが始まる。 다다음 달부터 겨울 방학이 시작된다.	명 さらいげつ 다다음 달 N4
再来年 さらいねん	再来年に大学を卒業する予定です。 내후년에 대학교를 졸업할 예정입니다.	명 さらいねん 내후년 N5
時間 じかん	時間がないので早くしてください。 시간이 없으니 빨리 해 주세요.	명 じかん 시간 N5
時代 じだい	科学の力が時代を変えた。 과학의 힘이 시대를 바꿨다.	명 じだい 시대 N4
週間 しゅうかん	一週間に3回、運動をします。 일주일에 세 번, 운동을 합니다.	명 しゅうかん 주간 N5
将来 しょうらい	韓国の将来はきっと明るいでしょう。 한국의 장래는 분명 밝을 겁니다.	명 しょうらい 장래, 앞날 N4

27

□ 昼 (ひる)

昼ごろから頭が痛いです。
점심때쯤부터 머리가 아파요.

명 ひる
낮, 점심
N5

□ 昼間 (ひるま)

昼間からお酒を飲んではいけません。
대낮부터 술을 마셔서는 안 됩니다.

명 ひるま
주간, 낮 (동안)
N4

□ 昼休み (ひるやすみ)

昼休みに、一緒に近くの食堂でご飯を
食べましょう。
점심시간에 같이 근처 식당에서 밥을 먹읍시다.

명 ひるやすみ
점심 식사 후의 휴
식, 또는 그 시간
N4

□ 夕方 (ゆうがた)

夕方5時ごろに電話しますね。
저녁 5시쯤 전화할게요.

명 ゆうがた
저녁 무렵
N5

□ 夕べ (ゆうべ)

夕べのパーティーはとても楽しかった。
어젯밤 파티는 정말 즐거웠다.

명 ゆうべ
어젯밤
N5

□ 晩 (ばん)

この薬は朝・昼・晩、1日3回飲んでくだ
さい。
이 약은 아침·점심·저녁 하루 세 번 드세요.

명 ばん
저녁, 밤
N5

□ 夜 (よる)

静かな夜だったので、散歩をしました。
조용한 밤이라 산책을 했습니다.

명 よる
밤
N5

せんげつ **先月**	せんげつ かいしゃ や **先月**、会社を辞めました。 지난달, 회사를 그만두었습니다.	명 せんげつ 지난달 N5
せんしゅう **先週**	せんしゅう にちよう び はは か もの **先週**の日曜日に母と買い物をしました。 지난주 일요일에 어머니와 쇼핑을 했습니다.	명 せんしゅう 지난주 N5
まいあさ **毎朝**	まい あさ かいしゃ じ てんしゃ かよ **毎朝**、会社まで自転車で通っています。 아침마다 회사까지 자전거로 다니고 있습니다.	명 부 まいあさ 매일 아침, 아침마다 N5
まいつき/まいげつ **毎月**	きゅうりょう び まいつき にち 給料日は**毎月**25日です。 월급날은 매달 25일입니다.	명 부 まいつき・ まいげつ 매달, 달마다 N5
まいしゅう **毎週**	まいしゅうきんよう び そと ばん はん た **毎週**金曜日は外で晩ご飯を食べます。 매주 금요일은 밖에서 저녁밥을 먹습니다.	명 부 まいしゅう 매주, 1주일마다 N5
まいにち **毎日**	まいにちいちじ かん に ほん ご べんきょう **毎日**一時間、日本語の勉強をします。 매일 1시간(씩), 일본어 공부를 합니다.	명 부 まいにち 매일, 날마다 N5
まいとし/まいねん **毎年**	まいとし なつやす す **毎年**、夏休みはおじいさんが住んでいる いなか い 田舎に行きます。 매년 여름 방학에는 할아버지가 살고 있는 시골 에 갑니다.	명 부 まいとし・ まいねん 매년, 해마다 N5

□ **毎晩** まいばん	まいばんゆめ 毎晩夢をみてぐっすり眠れない。 매일 밤 꿈을 꿔서 푹 잘 수 없다.	명 부 まいばん 매일 밤, 밤마다 N5
□ **来月** らいげつ	わたし らいげつ りゅうがく 私は来月から留学します。 저는 다음 달부터 유학 갑니다.	명 らいげつ 다음 달 N5
□ **来週** らいしゅう	らいしゅう なつやす はじ 来週から夏休みが始まります。 다음 주부터 여름 방학이 시작됩니다.	명 らいしゅう 다음 주 N5
□ **来年** らいねん	らいねん むすこ しょうがっこう にゅうがく 来年、息子が小学校に入学します。 내년에 아들이 초등학교에 입학합니다.	명 らいねん 내년, 다음 해 N5
□ **最近** さいきん	さいきん し ごと いそが 最近仕事が忙しい。 요즘 일이 바쁘다.	명 さいきん 최근, 요즘 N4
□ **最初** さいしょ	なにごと さいしょ たいせつ 何事も最初がとても大切です。 뭐든지 맨 처음이 아주 중요합니다.	명 さいしょ 최초, 맨 처음 N4
□ **最後** さい ご	きょう こうこうせいかつさい ご いちにち 今日が高校生活最後の１日だ。 오늘이 고등학교 생활 마지막 하루다.	명 さいご 최후, 맨 뒤, 마지막 N4

ひま **暇**	いそが 忙しくて食事をする暇もない。 바빠서 식사를 할 틈도 없다.	명ひま 여유, 틈, 기회 N5
と ちゅう **途中**	いえ かえ と ちゅう か 家に帰る途中、コンビニでおにぎりを買 いました。 집에 가는 도중에 편의점에서 삼각 김밥을 샀습 니다.	명とちゅう 도중 N4
やす **休み**	やす ひ いちにちじゅう ね 休みの日は一日中、寝ていたいです。 휴일에는 하루 종일 자고 싶습니다.	명やすみ 쉼, 휴가, 휴일 N5
なつやす **夏休み**	なつやす か ぞく りょこう い 夏休みに家族と旅行に行きました。 여름휴가 때 가족과 여행을 갔습니다.	명なつやすみ 여름 방학, 여름휴가 N5
はつか **二十日**	こんげつ はつか だ レポートは今月二十日までに出さなけれ ばならない。 리포트는 이번 달 20일까지 제출해야 한다.	명はつか 20일 N5
たんじょう び **誕生日**	わたし たんじょう び がつ むいか 私の誕生日は8月6日です。 제 생일은 8월 6일입니다.	명たんじょうび 생일 N5
はや **早い**	わたし ちち まいあさはや お 私の父は毎朝早く起きます。 우리 아버지는 매일 아침 일찍 일어납니다. 参考 速い (동작, 속도가) 빠르다	형はやい (시간이) 빠르다, 이르다 N5

31

□ 遅^{おく}れる

道^{みち}が込^こんでいて、バスが遅^{おく}れています。

길이 막혀서 버스가 지연되고 있습니다.

동 おくれる
늦어지다,
지연되다
N4

□ かかる

今日^{きょう}は仕事^{しごと}が多^{おお}いので終^おわるまで時間^{じかん}が

かかりそうです。

오늘은 일이 많아서 끝날 때까지 시간이 걸릴 것
같습니다.

동 かかる
①(시간이) 걸리다
②(비용이) 들다
N5

□ 着^つく

車^{くるま}より電車^{でんしゃ}のほうが早^{はや}く着^つきます。

자동차보다 전철 쪽이 빨리 도착합니다.

동 つく
도착하다
N5

□ だんだん

3月^{がつ}になってだんだん暖^{あたた}かくなってきた。

3월이 되자 점점 따뜻해졌다.

부 だんだん
점점, 점차
N4

□ 寝^ねる

昨日^{きのう}は10時^じに寝^ねて、朝早^{あさはや}く起^おきました。

어제는 10시에 자서, 아침 일찍 일어났습니다.

동 ねる
자다
N5

| ☐ <ruby>日<rt>ひ</rt></ruby> | 4<ruby>月<rt>がつ</rt></ruby>になって<ruby>日<rt>ひ</rt></ruby>が<ruby>長<rt>なが</rt></ruby>くなりました。
4월이 되고 해가 길어졌습니다. | 명ひ
태양, 해, 하루,
날
N4 |

| ☐ <ruby>風<rt>かぜ</rt></ruby> | <ruby>今日<rt>きょう</rt></ruby>は、<ruby>朝<rt>あさ</rt></ruby>から<ruby>風<rt>かぜ</rt></ruby>が<ruby>強<rt>つよ</rt></ruby>いです。
오늘은 아침부터 바람이 셉니다. | 명かぜ
바람
N5 |

| ☐ <ruby>月<rt>つき</rt></ruby> | <ruby>今日<rt>きょう</rt></ruby>は<ruby>天気<rt>てんき</rt></ruby>がいいから、<ruby>月<rt>つき</rt></ruby>がきれいですね。
오늘은 날씨가 좋아서 달이 예쁘네요. | 명つき
달
N4 |

| ☐ <ruby>天気<rt>てんき</rt></ruby> | このごろいい<ruby>天気<rt>てんき</rt></ruby>が<ruby>続<rt>つづ</rt></ruby>いています。
요즘 좋은 날씨가 계속되고 있습니다. | 명てんき
날씨
N5 |

| ☐ <ruby>天気予報<rt>てんきよほう</rt></ruby> | <ruby>天気予報<rt>てんきよほう</rt></ruby>によると、<ruby>今日<rt>きょう</rt></ruby>は<ruby>午後<rt>ごご</rt></ruby>から<ruby>雨<rt>あめ</rt></ruby>が<ruby>降<rt>ふ</rt></ruby>るそうです。
일기 예보에 따르면 오늘은 오후부터 비가 온다고 합니다. | 명てんきよほう
일기 예보
N4 |

| ☐ <ruby>雨<rt>あめ</rt></ruby> | <ruby>今日<rt>きょう</rt></ruby>は、<ruby>朝<rt>あさ</rt></ruby>から<ruby>雨<rt>あめ</rt></ruby>が<ruby>降<rt>ふ</rt></ruby>っています。
오늘은 아침부터 비가 오고 있습니다. | 명あめ
비
N5 |

| ☐ <ruby>雲<rt>くも</rt></ruby> | ゆっくりと<ruby>雲<rt>くも</rt></ruby>が<ruby>流<rt>なが</rt></ruby>れています。
천천히 구름이 흘러가고 있습니다. | 명くも
구름
N4 |

ゆき
☐ **雪**

昨日の夕方から今日の朝まで雪が降っていた。

어제 저녁부터 오늘 아침까지 눈이 내렸다.

図ゆき
눈
N5

たいふう
☐ **台風**

台風の影響で飛行機が運休した。

태풍의 영향으로 비행기 운항이 중단됐다.

図たいふう
태풍
N4

きせつ
☐ **季節**

花を見ると、季節を感じることができます。

꽃을 보면 계절을 느낄 수 있습니다.

図きせつ
계절
N4

はる
☐ **春**

もうすぐ春が来ます。

이제 곧 봄이 옵니다.

図はる
봄
N5

なつ
☐ **夏**

日本の夏はとても暑いです。

일본의 여름은 매우 덥습니다.

図なつ
여름
N5

あき
☐ **秋**

秋の空はとてもきれいです。

가을 하늘은 매우 맑습니다.

図あき
가을
N5

ふゆ
☐ **冬**

冬になったらスキーに行こうと思います。

겨울이 되면 스키를 타러 가려고 합니다.

図ふゆ
겨울
N5

□ **暖かい**
あたた

暖かくなったら花見に行きましょう。
あたた　　　　　　　　はなみ　い

따뜻해지면 꽃구경하러 갑시다.

참고 温かい (음식이나 물이) 따뜻하다
あたた

형 あたたかい
(날씨, 온도가)
따뜻하다
N3

□ **暑い**
あつ

この部屋は暑いのでクーラーをつけました。
へや　あつ

이 방은 더워서 에어컨을 켰습니다.

형 あつい
덥다
N5

□ **寒い**
さむ

もう春ですが、今朝はとても寒かったです。
はる　　　けさ　　　　　さむ

이제 봄인데 오늘 아침은 너무 추웠습니다.

형 さむい
춥다
N5

□ **涼しい**
すず

風が吹いて涼しい。
かぜ　ふ　　すず

바람이 불어서 시원하다.

형 すずしい
시원하다
N4

□ **強い**
つよ

風が強い季節といえば春です。
かぜ　つよ　きせつ　　　　　はる

바람이 강한 계절이라고 하면 봄입니다.

참고 弱い 약하다
よわ

형 つよい
강하다, 세다
N5

□ **曇る**
くも

今日は一日中曇っていました。
きょう　いちにちじゅうくも

오늘은 하루 종일 날씨가 흐렸습니다.

동 くもる
(날씨가) 흐리다,
흐려지다
N4

□ **暮れる**
く

10月になって、日が暮れる時間が早く
がつ　　　　　ひ　く　　じかん　はや
なった。

10월이 되어 해가 지는 시간이 빨라졌다.

동 くれる
저물다, 해가 져서
어두워지다
N4

☐ **咲く**
さ

庭に桜の花が咲きました。
にわ さくら はな さ
정원에 벚꽃이 피었습니다.

동 さく
(꽃이) 피다
N5

☐ **乾く**
かわ

晴れているので洗濯物がよく乾く。
は せんたくもの かわ
날씨가 좋아서 빨래가 잘 마른다.

동 かわく
마르다, 건조하다
N4

참고 渇く 목이 마르다, 물이 마르다
かわ

☐ **かさ**

午後は雨がふるからかさを持ってきて
ごご あめ も
ください。
오후에는 비가 오니까 우산을 가져 오세요.

명 かさ
우산
N5

☐ **晴れる**
は

空が晴れて山がきれいに見えます。
そら は やま み
하늘이 맑아서 산이 또렷하게 보입니다.

동 はれる
개다, 맑다
N5

참고 くっきり見える 뚜렷이 보이다
み

☐ **エアコン**

暑いからエアコンを強くします。
あつ つよ
더워서 에어컨을 세게 틀겠습니다.

명 えあこん
에어컨
N5

☐ **梅雨**
つゆ

梅雨のころは洗濯物がかわかない。
つゆ せんたくもの
장마철에는 세탁물이(빨래가) 마르지 않는다.

명 つゆ
장마
N4

☐ **ひまだ**

この店は夏より冬のほうがひまです。
みせ なつ ふゆ
이 가게는 여름보다 겨울이 한가합니다.

형 ひまだ
한가하다
N5

✳ **MEMO** ✳

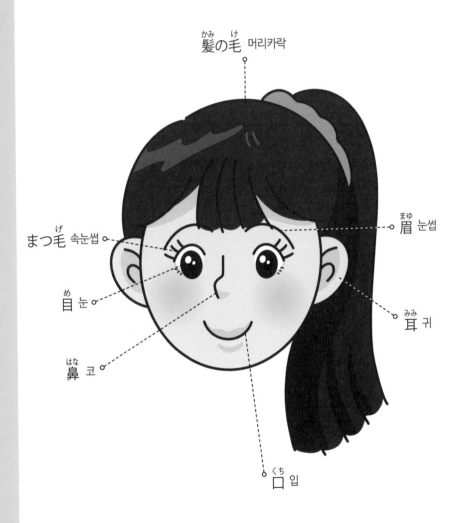

体 _{からだ} _ 신체

髪の毛 _{かみ} _け 머리카락

眉 _{まゆ} 눈썹

まつ毛 _げ 속눈썹

目 _め 눈

耳 _{みみ} 귀

鼻 _{はな} 코

口 _{くち} 입

あたま
頭 머리

くび
首 목

かお
顔 얼굴

かた
肩 어깨

こし
腰 허리

て
手 손

むね
胸 가슴

しり
お尻 엉덩이

ひざ
膝 무릎

あし
足 발, 다리

かかと 발뒤꿈치

□ **色**
いろ

私の好きな色はピンクです。
내가 좋아하는 색은 핑크색입니다.

명 いろ
색깔, 색채
N5

□ **明るい**
あか

あなたたちの将来は明るいでしょう。
여러분들의 장래는 밝을 것입니다.

형 あかるい
①밝다,
②명랑하다
N5

□ **赤い**
あか

恥ずかしくなって顔が赤くなりました。
창피해서 얼굴이 빨개졌습니다.

형 あかい
붉다, 빨갛다
N5

□ **緑**
みどり

緑がたくさんある町に住みたいね。
녹지(나무)가 많은 동네에 살고 싶어.

명 みどり
녹색, 초록색
N5

□ **青い**
あお

沖縄の海は青い。
오키나와의 바다는 푸르다.

형 あおい
푸르다, 파랗다
N5

□ **黄色い**
き いろ

黄色いワンピースを着て出かけました。
노란 원피스를 입고 외출했습니다.

형 きいろい
노랗다
N3

□ **茶色**
ちゃいろ

茶色のセーターがほしいです。
갈색 스웨터를 갖고 싶습니다.

명 ちゃいろ
갈색
N4

くろ □ **黒い**	わたし かさ くろ かさ 私の傘はそこにある黒い傘です。 제 우산은 거기에 있는 검은 우산입니다.	톙くろい 검다 **N5**
しろ □ **白い**	しろ ゆき ふ 白い雪がゆっくり降っている。 흰 눈이 천천히 내리고 있다.	톙しろい 희다 **N5**
はいいろ □ **灰色**	きょう そら はいいろ あめ ふ 今日の空は灰色で、雨が降りそうです。 오늘 하늘은 잿빛이어서 비가 올 것 같아요.	톙はいいろ 회색, 잿빛 **N3**
こ □ **濃い**	たいよう あ いろ こ 太陽が当たったところは色が濃くなる。 태양이 닿은(비친) 곳은 색이 짙어진다.	톙こい 진하다, 짙다 **N4**
こうよう/もみじ □ **紅葉**	こうよう きせつ やま ま か 紅葉の季節には山が真っ赤になります。 단풍의 계절에는 산이 새빨개집니다.	톙こうよう・ もみじ 단풍 **N4**
ぎんいろ □ **銀色**	かのじょ ぎんいろ に あ 彼女は銀色のアクセサリーがよく似合い ます。 그녀는 은색 액세서리가 잘 어울립니다.	톙ぎんいろ 은색 **N4**
え □ **絵**	こ いろ え 子どもはいろいろな色で絵をかきます。 아이는 여러 가지 색으로 그림을 그립니다.	톙え 그림 **N5**

41

あいだ □ 間	わたし かれ あいだ なん ひ みつ 私と彼の間には何の秘密もありません。 저와 그 사이에는 아무런 비밀도 없습니다.	뗑あいだ 사이, 공간, 틈 N4
まえ □ 前	や まえ パン屋の前にバスがとまっている。 빵집 앞에 버스가 서 있다.	뗑まえ ①앞, 정면 ②이전, 전 N5
うし □ 後ろ	れつ いちばんうし なら 列の一番後ろに並んだ。 줄 맨 뒤에 섰다.	뗑うしろ 뒤 N5
あと □ 後	あと お はし タクシーの後を追いかけて走った。 택시 뒤를 쫓아서 달렸다.	뗑あと 뒤(위치적 또는 시기적) N5
うえ □ 上	うえ お この上にものを置かないでください。 이 위에 물건을 놓지 마십시오.	뗑うえ 위 N5
した □ 下	つくえ した ねこ 机の下に猫がいます。 책상 밑에 고양이가 있습니다.	뗑した 밑, 아래 N5
おもて □ 表	おもて うら え ちが このシャツは表と裏の絵が違います。 이 셔츠는 앞과 뒤의 그림이 다릅니다.	뗑おもて 앞면, 겉 N4

42

うら □ **裏** 🖉	がっこう うら やす しょくどう 学校の裏に安くておいしい食堂があります。 학교 뒤쪽에 싸고 맛있는 식당이 있습니다.	몡 うら ①뒤, 뒷면 ②안, 옷의 안감 N4
がわ □ **側**	ひこうき まどがわ せき すわ 飛行機で窓側の席に座った。 비행기에서 창가 쪽 좌석에 앉았다.	몡 がわ ①옆, 곁 ②~측·쪽·방면 N5
□ **そば**	わたし かいしゃ ぎんこう ゆうびんきょく 私の会社のそばに銀行と郵便局があるの べんり で便利です。 우리 회사 옆에 은행과 우체국이 있어서 편리합 니다.	몡 そば 곁, 옆, 근처 N5
となり □ **隣**	びょういん となり ゆうびんきょく 病院の隣は郵便局です。 병원 옆은 우체국입니다.	몡 となり 옆, 이웃 N5
よこ □ **横**	しゃちょう よこ た ひと しゃちょう おく 社長の横に立っている人が社長の奥さん です。 사장님 옆에 서 있는 사람이 사장님의 부인입니다.	몡 よこ 옆, 가로 N5
ま なか □ **真ん中**	おお さら ま なか この大きなお皿をテーブルの真ん中に お 置きましょう。 이 큰 접시를 테이블 한가운데에 놓읍시다.	몡 まんなか 한가운데, 한복판 N4
なか □ **中**	へや なか はい あの部屋の中に入ってはいけません。 저 방 안에 들어가서는 안 됩니다.	몡 なか 안, 속 N5

□ 隅 すみ	机は部屋の隅においてください。 책상은 방의 구석에 놓아 주세요.	명 すみ 구석, 귀퉁이 N3
□ 外 そと	雨がたくさん降っているので、外に出たく ありません。 비가 많이 오니까 밖에 나가고 싶지 않습니다.	명 そと 바깥, 밖 N5
□ 東 ひがし	東の空が赤くなりました。 동쪽 하늘이 붉어졌습니다.	명 ひがし 동쪽 N5
□ 西 にし	新宿駅の西口には有名な食堂がたくさん あります。 신주쿠역 서쪽 출구에는 유명한 식당이 많이 있습니다.	명 にし 서쪽 N5
□ 南 みなみ	僕の部屋は南側に大きな窓があるので 明るい。 내 방은 남쪽에 큰 창문이 있어서 밝다.	명 みなみ 남쪽 N5
□ 北 きた	北から南へ、冷たい風が吹いています。 북쪽에서 남쪽으로, 찬 바람이 불고 있습니다.	명 きた 북쪽 N5
□ 左 ひだり	駅はこのビルを出て左にあります。 역은 이 빌딩을 나가서 왼쪽에 있습니다.	명 ひだり 왼쪽 N4

みぎ □ **右** ✎	そこを右に曲がると私の会社があります。 그곳을 오른쪽으로 돌면 우리 회사가 있습니다.	명 みぎ 오른쪽 N4
きんじょ □ **近所**	このパン屋さんのパンが近所では一番 おいしいと思う。 이 빵집의 빵이 이 근처에서는 제일 맛있다고 생각한다.	명 きんじょ 가까운 곳, 근처, 부근 N4
へん □ **辺**	この辺においしいラーメン屋はありますか。 이 근처에 맛있는 라멘집은 있습니까?	명 へん 근처, 부근 N5
まわ □ **周り**	池の周りには、きれいな花が咲いています。 연못 주위에는 예쁜 꽃이 피어 있습니다.	명 まわり ①둘레, 주위 ②가장자리, 주변 N3
む □ **向こう**	向こうに見える高い山が富士山です。 저쪽에 보이는 높은 산이 후지산입니다.	명 むこう ①맞은편, 건너편 ②저편, 저쪽 ③상대, 상대방 N4
ちか □ **近い**	ここから一番近い駅は渋谷駅です。 여기서 제일 가까운 역은 시부야 역입니다.	형 ちかい 가깝다 N5

□ 遠い とお	現代は遠い国でも飛行機ですぐに行くことができます。 현대에는 먼 나라라도 비행기로 바로 갈 수 있습니다.	형 とおい 멀다 N5
□ 上げる あ	そこの荷物をテーブルの上に上げてください。 거기 짐을 테이블 위에 올려 주세요.	동 あげる ①(위로) 올리다 ②얹다 N5
□ 下げる さ	天井が低いので、頭を下げて歩いてください。 천장이 낮으니까 머리를 숙이고 걸으세요.	동 さげる ①내리다 ②낮추다 ③숙이다 N4
□ 先 さき	100メートル先に信号があります。 100미터 앞에 신호가 있습니다. 	명 さき 앞 N5
□ 向かう む	今、駅に向かって歩いています。 지금, 역을 향해 걷고 있습니다.	동 むかう 향하다 N4
□ 戻る もど	ここは危ないから戻ってください。 여기는 위험하니까 되돌아가세요.	동 もどる 되돌아가(오)다 N4

□ 優^{やさ}しい

私^{わたし}の母^{はは}はとても優^{やさ}しい人^{ひと}です。
우리 엄마는 정말로 상냥한 사람입니다.

형 やさしい
상냥하다,
다정하다
N4

□ 親切^{しんせつ}だ

ここの店員^{てんいん}はとても親切^{しんせつ}です。
여기 점원은 매우 친절합니다.

형 しんせつだ
친절하다
N3

□ まじめだ

人^{ひと}がまじめに話^{はな}している時^{とき}は、しっかり
聞^ききなさい。
남이 진지하게 얘기하고 있을 때는 똑똑히 들어요.

형 まじめだ
① 진지하다
② 성실하다
N4

□ 立派^{りっぱ}だ

田中^{たなか}さんの息子^{むすこ}さんは立派^{りっぱ}な大人^{おとな}になり
ましたね。
다나카 씨 아드님은 훌륭한 성인이 되었군요.

형 りっぱだ
훌륭하다,
뛰어나다
N4

□ 一生懸命^{いっしょうけんめい}

一生懸命^{いっしょうけんめい}勉強^{べんきょう}すれば、きっと日本語^{にほんご}が
上手^{じょうず}になりますよ。
열심히 공부하면 꼭 일본어를 잘 하게 될 거예요.

명 부 いっしょう
けんめい
열심임, 열심히
N4

□ がんばる

もっとがんばって練習^{れんしゅう}しなければなりま
せん。
좀 더 분발해서 연습해야 합니다.

동 がんばる
① 분발하다,
노력하다,
힘내다
② 버티다
N4

성격·태도

□ **熱心だ** (ねっしん)

先生は熱心に学生の話を聞いた。

선생님은 열심히 학생의 이야기를 들었다.

형 ねっしんだ
열심이다
N3

□ **遠慮** (えんりょ)

泊まるよう言われたが、遠慮した。

묵고 가라고 했지만 사양했다.

명 えんりょ
사양, 삼감
N4

□ **オーバー**

大したケガでもないのに、そんなに痛がるのはオーバーですよ。

크게 다친 것도 아닌데, 그렇게 아파하는 건 오버예요.

명 おーばー
오버, 과장됨, 지나침
N4

□ **確かだ** (たし)

彼が引っ越したのは確かだ。

그가 이사한 것은 확실하다.

형 たしかだ
확실하다
N4

□ **丁寧だ** (ていねい)

壊れやすいので、丁寧に使ってください。

깨지기 쉬우니까 신중하게 사용해 주세요.

형 ていねいだ
①정중하다
②신중하다
N4

□ **適当だ** (てきとう)

スーパーで適当に材料を買い、カレーを作った。

슈퍼에서 적당히 재료를 사서 카레를 만들었다.

형 てきとうだ
적절하다, 적당하다
N3

□ **落ち着く** (お　つ)

この椅子に座ると落ち着きます。

이 의자에 앉으면 안정됩니다.

동 おちつく
안정되다, 진정되다
N3

にんき 人気	かのじょ うた にんき 彼女は歌がうまくて人気がある。 그녀는 노래를 잘해서 인기가 있다.	명にんき 인기 N4
きげん 機嫌	かちょう あさ きげん わる 課長は朝から機嫌が悪い。 과장(님)은 아침부터 기분이 언짢다.	명きげん 기분, 심기 N3
しょうじき 正直だ	ひと しょうじき はな その人は正直に話しました。 그 사람은 정직하게 말했습니다.	형しょうじきだ 정직하다, 솔직하다 N3
めんどう 面倒だ	じゅうしょ にゅうりょく めんどう みんなの住所を入力するのは面倒です。 모두의 주소를 입력하는 것은 번거롭습니다.	형めんどうだ 귀찮다, 번거롭다, 성가시다 N3
せっきょくてき 積極的だ	かいしゃ せっきょくてき きょうりょく その会社は積極的に協力しました。 그 회사는 적극적으로 협력했습니다.	형せっきょくて きだ 적극적이다 N3
しょうきょくてき 消極的だ	しょうきょくてき ま チームは消極的なプレーで負けた。 팀은 소극적인 플레이로 졌다.	형しょうきょく てきだ 소극적이다 N3
わがままだ	こ わがままな子どもをしかった。 제멋대로 구는 아이를 꾸짖었다.	형わがままだ 제멋대로다, 방자하다 N3

성격·태도

◀ Track 025

□ そわそわする	彼女に会いたくてそわそわしている。 그녀를 만나고 싶어서 안절부절못하고 있다.	图 そわそわする 안절부절못하다 N3
□ 素直だ	あの子は先生の言うことを素直に聞く。 저 아이는 선생님이 말하는 것을 고분고분히 듣는다.	圏 すなおだ 고분고분하다 N3
□ 立場	相手の立場になって考えましょう。 상대방의 입장이 돼서 생각합시다.	圕 たちば 입장 N3
□ 泣く	おもちゃをなくした子どもが泣いています。 장난감을 잃어버린 아이가 울고 있습니다.	图 なく 울다 N4
□ のんびりする	日曜日は家でのんびりします。 일요일은 집에서 느긋하게 보냅니다. 참고 のんびり 느긋하게, 한가로이	图 のんびりする 느긋하게 보내다 (지내다) N3
□ 悩む	大学を卒業後、何をするか悩んでいます。 대학을 졸업한 후에 무엇을 할지 고민하고 있습 니다.	图 なやむ 고민하다 N2
□ びっくりする	知らない人があいさつするのでびっくり した。 모르는 사람이 인사해서 깜짝 놀랐다.	图 びっくりする 깜짝 놀라다 N4

りんご 사과

なし 배

さくらんぼ 체리

トマト 토마토

キーウィ 키위

ぶどう 포도

すいか 수박

いちご 딸기

バナナ 바나나

みかん 귤

もも 복숭아

かき 감

にんじん 당근

たまねぎ 양파

じゃがいも 감자

だいこん 무

ねぎ 파

きゅうり 오이

にんにく 마늘

はくさい 배추

음성 듣기

2 일상 단어

棚 <small>たな</small>

荷物が多いので、棚を買って整理した。

짐이 많기 때문에 선반을 사서 정리했다.

명 たな
선반
N4

本棚 <small>ほんだな</small>

本棚にあるアルバムは誰のですか。

책장에 있는 앨범은 누구 겁니까?

명 ほんだな
책장
N4

テーブル

テーブルの上に上がってはいけません。

테이블 위에 올라가서는 안 됩니다.

명 てーぶる
테이블
N5

引き出し <small>ひ だ</small>

めがねを引き出しの中に入れました。

안경을 서랍 안에 넣었습니다.

명 ひきだし
서랍
N4

丈夫だ <small>じょう ぶ</small>

このくつは安いですが、丈夫です。

이 신발은 싸지만 튼튼합니다.

참고 丈夫な人 건강한 사람

형 じょうぶだ
튼튼하다,
견고하다
N5

置く <small>お</small>

ドアの前にものを置かないでください。

문 앞에 물건을 두지 마세요.

동 おく
두다, 놓다,
설치하다
N5

ストーブ

今日は朝から寒かったので、ストーブを
つけました。

오늘은 아침부터 추웠기 때문에, 스토브를 켰습니다.

명 すとーぶ
스토브, 난로
N5

だんぼう
□ **暖房**

どんなに寒くても暖房は使いません。
아무리 추워도 난방은 사용하지 않습니다.

명 だんぼう
난방
N3

□ **テレビ**

テレビを見ながら勉強してはいけません。
텔레비전을 보면서 공부해서는 안 됩니다.

명 てれび
TV, 텔레비전
N5

でんわ
□ **電話**

昨日、日本に住んでいる友達に電話を
しました。
어제, 일본에 살고 있는 친구한테 전화를 했습니다.

명 でんわ
전화
N5

□ **ラジオ**

この頃はラジオはあまり聞きませんね。
요즘은 라디오는 별로 듣지 않네요.

명 らじお
라디오
N5

れいぞうこ
□ **冷蔵庫**

冷蔵庫から野菜を取ってください。
냉장고에서 채소를 꺼내 주세요.

명 れいぞうこ
냉장고
N4

あんぜん
□ **安全だ**

ガスを安全に使いましょう。
가스를 안전하게 사용합시다.

형 あんぜんだ
안전하다
N4

あら
□ **洗う**

天気がいいので布団を洗った。
날씨가 좋아서 이불을 빨았다.

동 あらう
씻다, 빨다,
세탁하다
N5

□ **消える** き	風が吹いて火が消えた。 かぜ ふ ひ き 바람이 불어 불이 꺼졌다.	图 きえる (불, 빛 등이) 꺼지다, 사라지다 N5
□ **消す** け	電気を消して寝ます。 でん き け ね 불을 끄고 잡니다.	图 けす 끄다, 없애다 N5
□ **つく**	夕方になって、電気がついた。 ゆうがた でん き 저녁 때가 되어 불이 켜졌다.	图 つく (불이) 켜지다 N4
□ **つける**	暑いからクーラーをつけましょう。 あつ 더우니까 에어컨을 켭시다.	图 つける (전등불을) 켜다 N4
□ **直す** なお	壊れた時計を直してください。 こわ とけい なお 고장 난 시계를 고쳐 주세요.	图 なおす 고치다, 바로잡다 N4
□ **直る** なお	車が直ったので取りに来てください。 くるま なお と き 차가 다 고쳐졌으니 찾으러 오세요.	图 なおる 낫다, 고쳐지다, 회복되다 N4
□ **役に立つ** やく た	この辞書アプリはとても役に立ちます。 じ しょ やく た 이 사전 앱은 매우 도움이 됩니다. 참고 役立つ 유용하다, 도움이 되다 やく だ	やくにたつ 쓸모가 있다, 도움이 되다 N4

いと **糸**	はり いと つか 針と糸を使って、シャツにボタンをつけた。 바늘과 실을 사용해서 셔츠에 단추를 달았다.	명 いと 실 N4

おもちゃ	う ば しょせきう ば となり おもちゃ売り場は書籍売り場の隣です。 장난감 매장은 서적 매장 옆입니다.	명 おもちゃ 장난감 N4

カーテン	し まぶしいのでカーテンを閉めてください。 눈부시니까 커튼을 쳐 주세요.	명 かーてん 커튼 N4

かがみ **鏡**	かがみ み かみ 鏡を見ながら、髪をとかす。 거울을 보면서 머리를 빗는다.	명 かがみ 거울 N4

かぎ **鍵**	きょうしつ かぎ か 教室の鍵を貸してください。 교실 열쇠를 빌려주세요.	명 かぎ 열쇠 N5

かさ **傘**	なか かさ わす バスの中に傘を忘れました。 버스 안에 우산을 두고 왔습니다.	명 かさ 우산 N5

か びん **花瓶**	か びん ほんだな うえ この花瓶を本棚の上においてください。 이 꽃병을 책장 위에 놓아 주세요.	명 かびん 꽃병, 화병 N5

□ 紙
かみ

そこにある紙を5枚、取ってください。

거기 있는 종이를 다섯 장 집어 주세요.

圐 かみ
종이
N5

□ ガラス

ガラスの窓をきれいに掃除した。

유리창을 깨끗하게 청소했다.

圐 がらす
유리
N4

□ カレンダー

毎年、年末にはカレンダーを買います。

매년 연말에는 달력을 삽니다.

圐 かれんだー
캘린더, 달력
N5

□ コップ

ちょっと、そこのコップを取ってください。

저, 거기에 있는 컵을 집어 주세요.

圐 こっぷ
컵
N5

□ 皿
さら

この皿をテーブルにおいてください。

이 접시를 테이블에 놓아 주세요.

圐 さら
접시
N3

□ ちゃわん

日本ではちゃわんを手に持ってご飯を食べます。

일본에서는 밥그릇을 손에 들고 밥을 먹습니다.

圐 ちゃわん
밥공기, 밥그릇
N4

□ スプーン

箸が使えないので、スプーンでご飯を食べた。

젓가락을 못 써서 숟가락으로 밥을 먹었다.

圐 すぷーん
스푼, 숟가락
N5

☐ **フォーク**

^{ようしょく}洋食はナイフとフォークで^た食べます。
양식은 나이프와 포크로 먹습니다.

名 ふぉーく
포크
N4

---

^{はし}
☐ **箸**

^{はし}箸でご^{はん}飯を^た食べます。
젓가락으로 밥을 먹습니다.

名 はし
젓가락
N3

☐ **ナイフ**

このナイフはよく^き切れません。
이 칼은 잘 안 듭니다.

名 ないふ
칼
N5

---

^{しなもの}
☐ **品物**

このお^{みせ}店にある^{しなもの}品物は^{しつ}質がいいです。
이 가게에 있는 상품은 질이 좋습니다.

名 しなもの
물건, 물품, 상품
N4

☐ **せっけん**

^{そと}外から^{かえ}帰ったら、すぐにせっけんで^て手を
^{あら}洗いましょう。
밖에서 돌아오면 바로 비누로 손을 씻읍시다.

名 せっけん
비누
N5

---

^{とけい}
☐ **時計**

この^{とけい}時計は^{あに}兄からもらいました。
이 시계는 오빠(형)한테서 받았습니다.

名 とけい
시계
N5

---

^{にんぎょう}
☐ **人形**

この^{にんぎょう}人形は^{わふく}和服を^き着ていますね。
이 인형은 일본 옷을 입고 있네요.

名 にんぎょう
인형
N4

□ **灰皿**　はいざら

タバコは灰皿に捨てなさい。

담배는 재떨이에 버리시오.

명 はいざら
재떨이
N5

□ **箱**　はこ

プレゼントを入れる箱が必要だ。

선물을 넣을 상자가 필요하다.

명 はこ
상자
N4

□ **封筒**　ふうとう

履歴書を封筒に入れて会社に送った。

이력서를 봉투에 넣어서 회사에 보냈다.

명 ふうとう
봉투
N4

□ **布団**　ふとん

冬は暖かい布団が必要です。

겨울은 따뜻한 이불이 필요합니다.

명 ふとん
이불, 요
N4

□ **マッチ**

マッチで火をつける。

성냥으로 불을 붙인다.

명 まっち
성냥
N4

□ **木綿**　もめん

木綿でできたシャツがほしいんですが。

면으로 된 셔츠를 갖고(사고) 싶은데요.

명 もめん
면직물, 솜
N4

□ **大きい**　おお

大きくて軽いお皿がほしいです。

크고 가벼운 접시가 필요합니다.

형 おおきい
크다
N5

□ 小^{ちい}さい	このアイロンは小^{ちい}さくて使^{つか}いやすいです。 이 다리미는 작아서 쓰기 편합니다.	형 ちいさい ①작다 ②어리다 N5
□ ない	私^{わたし}の家^{いえ}にはテレビがないです。 우리 집에는 텔레비전이 없습니다.	형 ない 없다 N5
□ 長^{なが}い	長^{なが}いテーブルを買^かいました。 긴 테이블을 샀습니다.	형 ながい 길다 N5
□ 短^{みじか}い	間違^{まちが}えて短^{みじか}いカーテンを買^かってしまいました。 실수해서 짧은 커튼을 사고 말았습니다.	형 みじかい 짧다 N5
□ 自由^{じゆう}だ	このパソコンは誰^{だれ}でも自由^{じゆう}に使^{つか}っていいです。 이 컴퓨터는 누구든지 자유롭게 써도 됩니다.	형 じゆうだ 자유롭다, 자유다 N4
□ 生活^{せいかつ}	社会人^{しゃかいじん}になり、学生^{がくせい}の時^{とき}と生活^{せいかつ}環境^{かんきょう}が変^かわった。 사회인이 되고, 학생 때와 생활 환경이 바뀌었다.	명 せいかつ 생활 N4
□ 沸^わかす	お湯^ゆを沸^わかしてコーヒーを飲^のみます。 물을 끓여서 커피를 마십니다.	동 わかす 데우다, 끓이다 N4

61

せいかつようひん

フライ返し 뒤집개

キッチンフード
주방 후드

なべ 냄비

ポット
전기 포트

おたま 국자

コップ 컵

皿 접시
さら

食卓 식탁
しょくたく

洗濯機 세탁기

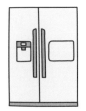

冷蔵庫 냉장고

炊飯器 전기밥솥

アイロン 다리미

テレビ TV, 텔레비전

カメラ 카메라

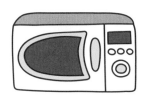

電子レンジ 전자레인지

掃除機 청소기

 **집**

□ **家**
いえ

田舎に家を買いたい。
いなか　いえ　か

시골에 집을 사고 싶다.

图 いえ
집
N5

□ **寝室**
しんしつ

ここが寝室で、隣が子供部屋です。
しんしつ　となり　こどもべや

여기가 침실이고, 옆이 아이방입니다.

图 しんしつ
침실
N3

□ **リビング**

リビングで家族が集まってテレビを見ます。
かぞく　あつ　　　　　　み

거실에서 가족이 모여서 TV를 봅니다.

图 りびんぐ
리빙, 리빙룸,
거실
N3

□ **押し入れ**
お　い

最近寒くなったので、押し入れからコート
さいきんさむ　　　　　　　お　い
を出した。
だ

요즘 추워져서 벽장에서 코트를 꺼냈다.

图 おしいれ
(이부자리 등을
넣어 두는) 벽장,
붙박이장
N4

□ **お宅**
たく

すみませんが、佐藤さんのお宅はこちら
さとう　　　　たく
でしょうか。

죄송하지만, 사토 씨 댁이 여기인가요?

图 おたく
댁, 상대방의 집이
나 상대방을 높여
부르는 말
N4

□ **お手洗い**
て あら

女性のお手洗いはいつも並んでいる。
じょせい　て あら　　　　　なら

여자 화장실은 언제나 줄 서 있다.

图 おてあらい
화장실
N3

□ **帰り**
かえ

塾の帰りに、有名なラーメン屋に行った。
じゅく　かえ　　　ゆうめい　　　　や い

학원에서 돌아오는 길에 유명한 라멘집에 갔다.

图 かえり
돌아옴(감),
귀갓길
N4

^{かべ}
壁

^{かべ}壁に、きれいな^え絵をかけるつもりです。
벽에 예쁜 그림을 걸 생각입니다.

명 かべ
벽
N4

^{すいどう}
水道

^{むかし}昔は^{すいどう}水道の^{みず}水を^の飲んだが、^{いま}今は^{じょうすいき}浄水器を^{つか}使っている。
옛날에는 수돗물을 마셨지만 지금은 정수기를 사용하고 있다.

명 すいどう
수도
N4

^{だいどころ}
台所

^{はは}母が^{だいどころ}台所で^{りょうり}料理を^{つく}作っています。
어머니가 부엌에서 요리를 만들고 있습니다.

명 だいどころ
부엌
N5

^{たたみ}
畳

^{ぼく}僕の^{へや}部屋は^{たたみ}畳の^{へや}部屋です。
제 방은 다다미방입니다.

명 たたみ
다다미
N4

^{ふろ}
風呂

^{へや}部屋に^{ふろ}風呂がついている^{りょかん}旅館に^い行きたい。
방에 욕조가 딸려 있는 여관에 가고 싶다.

명 ふろ
욕조, 목욕(물)
N3

ベッド

^{つか}疲れたから、^{はや}早くベッドで^ね寝たいと^{おも}思います。
피곤해서 빨리 침대에서 자고 싶어요.

명 べっど
침대
N4

^{へや}
部屋

^{かれ}彼の^{へや}部屋から^み見える^{けしき}景色はすばらしいです。
그의 방에서 보이는 경치는 멋있습니다.

명 へや
방
N5

 **집**

□ 留守
るす

両親が留守の間は、家に私しかいません。
りょうしん るす あいだ いえ わたし

부모님이 부재중에는 집에 저밖에 없습니다.

명 るす
부재(不在)
N4

□ 狭い
せま

この部屋は少し狭いですね。
へや すこ せま

이 방은 약간 좁네요.

형 せまい
좁다
N5

□ 広い
ひろ

広い庭がある家に住みたい。
ひろ にわ いえ す

넓은 정원이 있는 집에 살고 싶다.

형 ひろい
넓다
N5

□ 帰る
かえ

帰る前に、もう一度こちらに来てください。
かえ まえ いちど き

돌아가기 전에 다시 한 번 여기로 와 주세요.

동 かえる
돌아가(오)다
N5

□ 片付ける
かた づ

明日友人が来るので部屋を片付けた。
あした ゆうじん く へや かた づ

내일 친구가 오기 때문에 방을 정돈했다.

동 かたづける
정돈하다,
정리하다
N4

□ 開く
あ

窓が開いているので、部屋が寒かった。
まど あ へや さむ

창문이 열려 있어서 방이 추웠다.

동 あく
①열리다
②틈이 생기다
N5

□ 開ける
あ

部屋の窓を開けると庭が見える。
へや まど あ にわ み

방 창문을 열면 정원이 보인다.

동 あける
열다
N5

66

□ 閉まる
し

風が強くてドアが閉まりました。
かぜ つよ し

바람이 세서 문이 닫혔습니다.

동 しまる
(문 등이) 닫히다
N5

□ 閉める
し

教室の窓を閉めてから家に帰りました。
きょうしつ まど し いえ かえ

교실의 창문을 닫고 나서 집에 돌아갔습니다.

동 しめる
(문 등을) 닫다
N5

□ 門
もん

家の門を新しく変えました。
いえ もん あたら か

집 문을 새로 바꿨습니다.

명 もん
문
N5

□ 戸
と

戸を閉めて、電気を消して、寝ました。
と し でんき け ね

문을 닫고 불을 끄고, 잤습니다.

명 と
문, 대문
N4

□ ドア

ドアが開いていたから猫が入ってきました。
あ ねこ はい

문이 열려 있었기 때문에 고양이가 들어왔습니다.

명 どあ
문
N5

□ 窓
まど

暑いので窓を開けました。
あつ まど あ

더워서 창문을 열었습니다.

명 まど
창문
N5

□ 下宿
げ しゅく

大学入学後は下宿で生活を始めた。
だいがくにゅうがくご げしゅく せいかつ はじ

대학 입학 후에는 하숙에서 생활을 시작했다.

명 げしゅく
하숙
N4

□ 会社
かいしゃ

会社まで車で30分ぐらいかかります。
회사까지 차로 30분 정도 걸립니다.

图 かいしゃ
회사
N5

□ 意見
いけん

意見がある人は手を挙げてください。
의견이 있는 사람은 손을 들어 주세요.

참고 手を挙げる 손을 들다

图 いけん
의견
N4

□ 会議
かいぎ

明日の朝、9時に会議を始めます。
내일 아침 9시에 회의를 시작하겠습니다.

图 かいぎ
회의
N4

□ 会場
かいじょう

会場にはたくさんの人が集まりました。
회장에는 많은 사람이 모였습니다.

图 かいじょう
회장, 회의나 집회
등을 여는 장소
N4

□ 代わり
か

課長の都合が悪くなったので、代わりに
私が来ました。
과장(님)이 사정이 생겨서 대신에 제가 왔습니다.

图 かわり
대신
閏 かわりに
대신에
N4

□ 仕方
しかた

バイクの運転の仕方を知っていますか。
오토바이를 운전하는 방법을 아세요?

图 しかた
①하는 방법,
방식
②행동
N4

□ 仕事
しごと

仕事がない時は家で休みます。
일이 없을 때는 집에서 쉽니다.

图 しごと
일, 작업
N5

事務所
じむしょ

今日は出張なので、事務所には行かない。
오늘은 출장이라서 사무실에는 가지 않는다.

名 じむしょ
사무실
N4

社長
しゃちょう

我が社の社長はアメリカ人です。
우리 회사 사장님은 미국인입니다.

名 しゃちょう
사장
N4

都合
つごう

今週の木曜日は都合が悪いですが、来週ならいいです。
이번 주 목요일은 사정이 좋지 않지만 다음 주라면 괜찮습니다.

名 つごう
형편, 사정
N4

場合
ばあい

問題がある場合には、私に連絡してください。
문제가 있을 경우에는 저에게 연락해 주세요.

名 ばあい
경우, 사정, 형편
N4

必要だ
ひつよう

入社に必要な書類を準備する。
입사에 필요한 서류를 준비한다.

名 ひつようだ
필요하다
N4

用
よう

用がない時は、ここに入らないでください。
용무가 없을 때는 여기에 들어오지 마십시오.

名 よう
용무, 볼일, 일
N4

用事
ようじ

ちょっと用事があるので、失礼します。
잠깐 볼일이 있어서 실례하겠습니다.

名 ようじ
용건, 볼일
N4

69

□ **訳** わけ

訳あって残業することになった。

사정이 있어서 잔업하게 되었다.

명 わけ
①이유, 원인
②사정
N4

□ **移る** うつ

先日、会社が新宿から渋谷に移りました。

얼마 전, 회사가 신주쿠에서 시부야로 이전했습니다.

동 うつる
①옮기다
②(마음이) 변하다
N4

□ **行う** おこな

雨が降っていますが、予定通りにサッカーの試合を行います。

비가 오고 있지만, 예정대로 축구 시합을 실시하겠습니다.

동 おこなう
일을 행하다,
행동하다
N4

□ **決まる** き

新商品のデザインが決まりました。

신상품의 디자인이 결정되었습니다.

동 きまる
정해지다,
결정되다
N4

□ **決める** き

みんなで決めたことでも、正しいかもう一度確認してください。

모두 같이 결정한 것이라도, 옳은지 다시 한 번 확인해 주세요.

동 きめる
정하다, 결정하다
N4

□ **経験** けいけん

何でも経験してみた方がいい。

무엇이든 경험해 보는 편이 좋다.

명 けいけん
경험
N4

応える (こたえる)

期待に応えるために、がんばっています。
기대에 부응하기 위해 열심히 하고 있습니다.

동 こたえる
보답하다,
부응하다
N3

出席 (しゅっせき)

明日の会議には必ず出席しなければいけません。
내일 회의에는 반드시 출석해야 합니다.

명 しゅっせき
출석
N4

説明 (せつめい)

もう一度、説明してくださいませんか。
다시 한 번 설명해 주시지 않겠습니까?

명 せつめい
설명
N4

忙しい (いそがしい)

年末は仕事が多くて忙しい。
연말에는 일이 많아서 바쁘다.

형 いそがしい
바쁘다
N5

通勤 (つうきん)

会社まで電車で通勤しています。
회사까지 전철로 출퇴근하고 있습니다.

명 つうきん
통근, 출퇴근
N4

出張 (しゅっちょう)

明日から1週間、出張です。
내일부터 1주일간 출장입니다.

참고 出張する 출장 가다

명 しゅっちょう
출장
N4

학교

□ **学校** _{がっこう}

学校_{がっこう}まで友達_{ともだち}と電車_{でんしゃ}で行_いきます。

학교까지 친구와 전철로 갑니다.

명 がっこう
학교
N5

□ **学生** _{がくせい}

授業_{じゅぎょう}の後_{あと}、学生_{がくせい}が質問_{しつもん}に来_きました。

수업이 끝난 후, 학생이 질문하러 왔습니다.

명 がくせい
학생
N5

□ **生徒** _{せいと}

この学校_{がっこう}の生徒_{せいと}は全部_{ぜんぶ}で577人_{にん}です。

이 학교의 학생은 총 577명입니다.

명 せいと
(중·고등학교)
학생
N5

□ **先生** _{せんせい}

わからないことは先生_{せんせい}に質問_{しつもん}します。

모르는 것은 선생님께 질문합니다.

명 せんせい
선생님
N5

□ **机** _{つくえ}

机_{つくえ}の上_{うえ}には何_{なに}もありませんでした。

책상 위에는 아무것도 없었습니다.

명 つくえ
책상
N5

□ **椅子** _{いす}

椅子_{いす}に座_{すわ}ってください。

의자에 앉아 주십시오.

명 いす
의자
N5

□ **教育** _{きょういく}

国_{くに}にとって教育_{きょういく}はもっとも大切_{たいせつ}です。

나라에 있어서 교육은 가장 중요합니다.

명 きょういく
교육
N4

きょうしつ
教室

日本語の教室は2階です。

일본어 교실은 2층입니다.

명 きょうしつ
교실
N5

クラス

英語のクラスはとてもおもしろいです。

영어 클래스는 정말 재미있습니다.

명 くらす
①클래스
②학급
③등급
N5

じゅぎょう
授業

日本語の授業は楽しいです。

일본어 수업은 즐겁습니다.

명 じゅぎょう
수업
N5

しゅくだい
宿題

昨日、忙しかったので宿題をしていません。

어제 바빴기 때문에 숙제를 안 했습니다.

명 しゅくだい
숙제
N5

すうがく
数学

英語の点数はよかったのですが、数学の
点数は悪かったです。

영어 점수는 좋았는데, 수학 점수는 나빴습니다.

명 すうがく
수학
N4

かがく
科学

僕は文学より科学の方が好きです。

저는 문학보다 과학 쪽이 좋아요.

명 かがく
과학
N4

ちり
地理

学校で地理と歴史を勉強しました。

학교에서 지리와 역사를 공부했습니다.

명 ちり
지리
N4

□ **作文**〔さくぶん〕	日本語の作文は難しいです。 일본어 작문은 어렵습니다.	图 さくぶん 작문 N5
□ **意味**〔いみ〕	この言葉の意味がわかりません。 이 단어의 의미를 모르겠습니다.	图 いみ 뜻, 내용, 의미 N5
□ **答え**〔こたえ〕	答えを知っているなら、教えてください。 정답을 알고 있다면, 가르쳐 주세요.	图 こたえ 대답, 응답, 정답 N4
□ **辞典**〔じてん〕	漢字の勉強をもっとしたいので漢字辞典がほしいです。 한자 공부를 좀 더 하고 싶기 때문에 한자 사전을 갖고 싶어요.	图 じてん 사전 N4
□ **試験**〔しけん〕	数学の試験があるので、週末は遊べません。 수학 시험이 있어서 주말은 놀 수 없습니다.	图 しけん 시험 N4
□ **受ける**〔うける〕	日本語能力試験を受けることにしました。 일본어능력시험을 보기로 했습니다.	图 うける ①받다, 이어받다 ②(시험을) 치르다 N4
□ **難しい**〔むずかしい〕	数学の試験が難しかった。 수학 시험이 어려웠다.	图 むずかしい 어렵다 N5

74

やさ 易しい	昨日のテストはとても易しかった。 어제 테스트는 아주 쉬웠다.	형 やさしい 쉽다, 간단하다 N4
きそく 規則	規則は守らなければならない。 규칙은 지켜야 한다.	명 きそく 규칙 N4
こうぎ 講義	講義はとても難しいですが面白いですよ。 강의는 정말 어렵지만 재미있어요.	명 こうぎ 강의 N4
しょうがっこう 小学校	私の兄は小学校の先生です。 우리 오빠는(형은) 초등학교 선생님입니다.	명 しょうがっこう 초등학교 N4
ちゅうがっこう 中学校	彼と私は同じ中学校に通っていました。 그와 저는 같은 중학교에 다녔습니다.	명 ちゅうがっこう 중학교 N4
こうとうがっこう 高等学校	高等学校のことを、日本ではふつう「高校」と呼びます。 고등학교를 일본에서는 보통 '고교'라고 부릅니다.	명 こうとうがっこう 고등학교, 고교 N4
こうこうせい 高校生	高校生はお酒を飲んではいけません。 고등학생은 술을 마셔서는 안 됩니다.	명 こうこうせい 고등학생 N4

75

학교

□ だいがくせい
大学生

/

大学生になったら、お金をためて海外
旅行に行きたいです。

대학생이 되면, 돈을 모아서 해외여행을 가고 싶
습니다.

명 だいがくせい
대학생
N4

□ りゅうがくせい
留学生

あの日本語学校の留学生たちは本当に
一生懸命勉強します。

저 일본어학교 유학생들은 정말 열심히 공부합니다.

명 りゅうがくせい
유학생
N5

□ こうちょう
校長

校長先生はとても優しい人です。

교장 선생님은 매우 다정한 분입니다.

명 こうちょう
교장
N4

□ こうどう
講堂

今日、講堂で田中先生の講義があります。

오늘 강당에서 다나카 선생님의 강의가 있습니다.

명 こうどう
강당
N4

□ せんぱい
先輩

大学の先輩と飲みに行く約束をしました。

대학 선배와 한잔하러 갈 약속을 했습니다.

명 せんぱい
선배
N4

□ こうはい
後輩

道で高校時代の後輩にばったり会った。

길에서 고교 시절 후배와 딱 마주쳤다.

명 こうはい
후배
N3

□ せんこう
専攻

私の専攻は教育学です。

제 전공은 교육학입니다.

명 せんこう
전공
N4

□ にゅうがく
入学

らいねん、こどもが小学校に入学します。
内년, 우리 아이가 초등학교에 입학합니다.

명 にゅうがく
입학
N4

□ そつぎょう
卒業

大学を卒業してアメリカへ留学に行く
つもりです。
대학을 졸업하고 미국에 유학 갈 예정입니다.

명 そつぎょう
졸업
N4

□ **テキスト**

彼の本は大学でマーケティング講義の
テキストとして使われている。
그의 책은 대학에서 마케팅 강의의 교과서로 사
용되고 있다.

명 てきすと
텍스트, 교과서
N4

□ **テスト**

来週の火曜日にテストがあります。
다음 주 화요일에 테스트가 있습니다.

명 てすと
테스트, 시험
N5

□ てん
点

数学のテストで100点取ることはとても
難しいです。
수학 시험에서 100점 맞는 것은 매우 어렵습니다.

명 てん
~점
N4

□ にっき
日記

小学校の時から、ずっと日記をつけてい
ます。
초등학교 때부터 계속 일기를 쓰고 있습니다.

명 にっき
일기
N4

□ **ノート**

このノートは5冊で300円でした。
이 노트는 다섯 권에 300엔이었습니다.

명 のーと
노트, 공책
N5

□ **勉強**
べんきょう

日本語の勉強は難しいですが、おもしろいです。

일본어 공부는 어렵지만, 재미있습니다.

🈟 べんきょう
공부
N5

□ **ベル**

授業のベルが鳴ると学生たちは教室に入った。

수업 종이 울리자 학생들은 교실로 들어갔다.

🈟 べる
벨, 종
N4

□ **鉛筆**
えんぴつ

新しい鉛筆を削った。

새 연필을 깎았다.

🈟 えんぴつ
연필
N5

□ **万年筆**
まんねんひつ

私は誕生日プレゼントに万年筆をもらいました。

저는 생일 선물로 만년필을 받았습니다.

🈟 まんねんひつ
만년필
N4

□ **ペン**

ちょっとペンを貸してくださいませんか。

잠깐 펜을 빌려주시지 않겠습니까?

🈟 ぺん
펜
N5

□ **ボールペン**

ボールペンで書いてもいいですか。

볼펜으로 적어도 되나요?

🈟 ぼーるぺん
볼펜
N4

□ **予習**
よしゅう

予習と復習を毎日しなければならない。

예습과 복습을 매일 해야 한다.

🈟 よしゅう
예습
N4

☐ ふくしゅう
復習

勉強する時は復習が大事です。

공부할 때는 복습이 중요합니다.

명 ふくしゅう
복습
N4

☐ おそ
遅い

夜遅くまで起きていたので眠いです。

밤늦게까지 깨어 있었더니 졸립니다.

형 おそい
늦다, 느리다
N5

☐ きび
厳しい

悪いことをした時は、厳しく叱ってください。

나쁜 짓을 했을 때는 엄하게 혼내 주세요.

형 きびしい
①엄격하다
②엄숙하다
N4

☐ **すばらしい**

彼の歌は本当にすばらしい。

그의 노래는 정말 근사하다.

형 すばらしい
훌륭하다,
근사하다
N4

☐ ただ
正しい

漢字の正しい書き方を習った。

한자의 올바른 쓰는 법을 배웠다.

형 ただしい
옳다, 맞다
N4

☐ おし
教える

父は中学校で世界史を教えている。

아버지는 중학교에서 세계사를 가르치고 있다.

동 おしえる
①가르치다
②알려 주다
N5

☐ おぼ
覚える

数学の公式がよく覚えられない。

수학 공식이 잘 안 외워진다.

동 おぼえる
외우다, 기억하다
N5

□ <ruby>終<rt>お</rt></ruby>わる	<ruby>宿題<rt>しゅくだい</rt></ruby>が<ruby>終<rt>お</rt></ruby>わったあとで、<ruby>友達<rt>ともだち</rt></ruby>の<ruby>家<rt>いえ</rt></ruby>に<ruby>行<rt>い</rt></ruby>きました。 숙제가 끝난 다음에 친구 집에 갔습니다.	동 おわる 끝나다, 마치다 N5
□ <ruby>通<rt>かよ</rt></ruby>う	<ruby>妹<rt>いもうと</rt></ruby>は<ruby>自転車<rt>じてんしゃ</rt></ruby>で<ruby>学校<rt>がっこう</rt></ruby>に<ruby>通<rt>かよ</rt></ruby>っています。 여동생은 자전거로 학교에 다니고 있습니다.	동 かよう ①다니다, 　왕래하다 ②통하다 N4
□ <ruby>借<rt>か</rt></ruby>りる	<ruby>田中<rt>たなか</rt></ruby>さんから<ruby>本<rt>ほん</rt></ruby>を<ruby>借<rt>か</rt></ruby>りました。 다나카 씨한테 책을 빌렸습니다.	동 かりる 빌리다, 꾸다 N5
□ (〜て) しまう	<ruby>行<rt>い</rt></ruby>きたかった<ruby>大学<rt>だいがく</rt></ruby>に<ruby>落<rt>お</rt></ruby>ちてしまった。 가고 싶었던 대학교에 떨어지고 말았다.	동 (〜て)しまう (〜해) 버리다 (〜하고) 말다 N4
□ <ruby>知<rt>し</rt></ruby>らせる	<ruby>試験期間<rt>しけんきかん</rt></ruby>を<ruby>知<rt>し</rt></ruby>らせるメールをもらった。 시험 기간을 알리는 메일을 받았다.	동 しらせる 알리다 N4
□ <ruby>調<rt>しら</rt></ruby>べる	わからないことがあったら、インターネットで<ruby>調<rt>しら</rt></ruby>べるといいですよ。 모르는 것이 있으면 인터넷에서 찾아보면 됩니다.	동 しらべる ①조사하다 ②찾아보다 N4

けんきゅう
☐ **研究**

🖉

韓国の歴史について研究しています。

한국의 역사에 관해서 연구하고 있습니다.

名 けんきゅう
연구
N3

しつもん
☐ **質問**

質問がある人は手をあげてください。

질문이 있는 사람은 손을 들어 주세요.

名 しつもん
질문
N4

こた
☐ **答える**

私の質問に答えてください。

제 질문에 대답해 주세요.

動 こたえる
대답하다
N2

とく い
☐ **得意だ**

私は英語と数学が得意です。

저는 영어와 수학이 자신 있습니다.

参考 苦手だ 서툴다, 싫다, 질색이다

形 とくいだ
잘하다, 자신 있다
N4

しん ろ
☐ **進路**

先生に進路のことを相談しました。

선생님께 진로에 대해 상담했습니다.

名 しんろ
진로
N4

☐ **クラブ**

クラブはまだ決めていません。

동아리는 아직 정하지 않았습니다.

名 くらぶ
동아리
N4

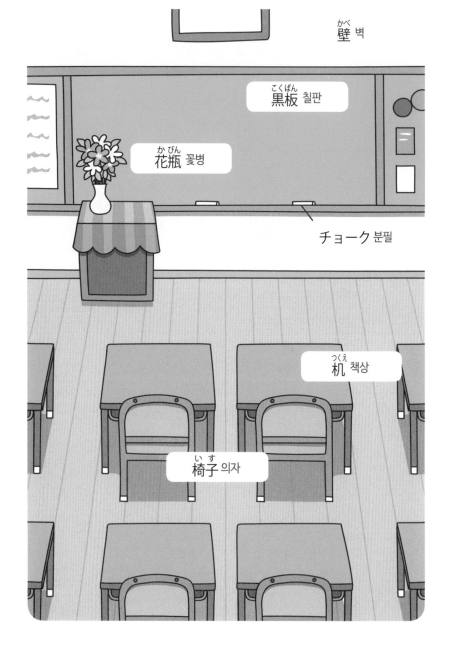

かべ
壁 벽

こくばん
黒板 칠판

かびん
花瓶 꽃병

チョーク 분필

つくえ
机 책상

いす
椅子 의자

<ruby>鉛筆<rt>えんぴつ</rt></ruby> 연필

<ruby>消<rt>け</rt></ruby>しゴム 지우개

のり 풀

<ruby>紙<rt>かみ</rt></ruby> 종이

<ruby>定規<rt>じょうぎ</rt></ruby> 자

はさみ 가위

セロテープ 셀로판테이프
(스카치테이프)

がびょう 압정

□ **趣味**
しゅみ

私の趣味はピアノを弾くことです。
わたし しゅみ ひ

내 취미는 피아노를 치는 것입니다.

명 しゅみ
취미
N4

□ **遊び**
あそ

学生時代は、勉強より遊びが忙しかった。
がくせいじだい べんきょう あそ いそが

학창 시절에는 공부보다 놀기 바빴다.

명 あそび
놀이, 유흥, 장난
N4

□ **歌**
うた

キムさんは歌が上手ですね。
うた じょうず

김 씨는 노래를 잘 하시네요.

명 うた
노래
N5

□ **歌う**
うた

私の好きな歌を歌ってください。
わたし す うた うた

제가 좋아하는 노래를 불러 주세요.

동 うたう
노래하다,
노래를 부르다
N5

□ **絵**
え

この絵はとても美しいですね。
え うつく

이 그림은 굉장히 아름답네요.

명 え
그림
N5

□ **描く**
か

絵を描くことが好きです。
え か す

그림을 그리는 것을 좋아합니다.

참고 書く (글을) 쓰다
か

동 かく
(그림을) 그리다
N5

□ **映画**
えいが

夏はホラー映画が見たくなります。
なつ えいが み

여름은 호러 영화가 보고 싶어집니다.

명 えいが
영화
N5

<ruby>音楽<rt>おんがく</rt></ruby>	いつも<ruby>音楽<rt>おんがく</rt></ruby>を<ruby>聞<rt>き</rt></ruby>きながら、<ruby>勉強<rt>べんきょう</rt></ruby>します。 항상 음악을 들으면서 공부합니다.	명 おんがく 음악 N5
ギター	ギターを<ruby>弾<rt>ひ</rt></ruby>きながら<ruby>歌<rt>うた</rt></ruby>を<ruby>歌<rt>うた</rt></ruby>った。 기타를 치면서 노래를 불렀다.	명 ぎたー 기타 N4
<ruby>聞<rt>き</rt></ruby>く	<ruby>音楽<rt>おんがく</rt></ruby>を<ruby>聞<rt>き</rt></ruby>きながら、<ruby>本<rt>ほん</rt></ruby>を<ruby>読<rt>よ</rt></ruby>みます。 음악을 들으면서 책을 읽습니다.	동 きく ①듣다 ②묻다 N5
<ruby>踊<rt>おど</rt></ruby>り	<ruby>高校時代<rt>こうこうじだい</rt></ruby>、ダンス<ruby>部<rt>ぶ</rt></ruby>だったので<ruby>踊<rt>おど</rt></ruby>りは<ruby>得意<rt>とくい</rt></ruby>です。 고교 시절, 댄스부였기 때문에 춤은 잘 춥니다.	명 おどり 춤 N4
<ruby>踊<rt>おど</rt></ruby>る	<ruby>私<rt>わたし</rt></ruby>と<ruby>一緒<rt>いっしょ</rt></ruby>に<ruby>踊<rt>おど</rt></ruby>りませんか。 저와 같이 춤추지 않겠습니까?	동 おどる 춤추다 N4
<ruby>興味<rt>きょうみ</rt></ruby>	<ruby>日本<rt>にほん</rt></ruby>の<ruby>文化<rt>ぶんか</rt></ruby>に<ruby>興味<rt>きょうみ</rt></ruby>があって、<ruby>日本語<rt>にほんご</rt></ruby>の<ruby>勉強<rt>べんきょう</rt></ruby>を<ruby>始<rt>はじ</rt></ruby>めました。 일본 문화에 관심이 있어서 일본어 공부를 시작했습니다.	명 きょうみ 흥미, 관심 N4
<ruby>雑誌<rt>ざっし</rt></ruby>	<ruby>雑誌<rt>ざっし</rt></ruby>もいいですが、<ruby>小説<rt>しょうせつ</rt></ruby>も<ruby>読<rt>よ</rt></ruby>みなさい。 잡지도 좋지만 소설책도 읽으세요.	명 ざっし 잡지 N5

취미

□ <ruby>小説<rt>しょうせつ</rt></ruby>

<ruby>最近<rt>さいきん</rt></ruby>の<ruby>彼<rt>かれ</rt></ruby>の<ruby>小説<rt>しょうせつ</rt></ruby>はあまり<ruby>面白<rt>おもしろ</rt></ruby>くない。

요즘 그의 소설은 별로 재밌지 않다.

명 しょうせつ
소설
N4

□ ウェブコミック

<ruby>毎朝<rt>まいあさ</rt></ruby>、<ruby>電車<rt>でんしゃ</rt></ruby>の<ruby>中<rt>なか</rt></ruby>でウェブコミックを<ruby>見<rt>み</rt></ruby>ます。

매일 아침 전철 안에서 웹툰을 봅니다.

명 うぇぶこみっく
웹 코믹(만화),
웹툰
N4

□ <ruby>泳<rt>およ</rt></ruby>ぐ

<ruby>泳<rt>およ</rt></ruby>いで<ruby>川<rt>かわ</rt></ruby>を<ruby>渡<rt>わた</rt></ruby>りました。

헤엄쳐서 강을 건넜습니다.

동 およぐ
헤엄치다,
수영하다
N5

□ <ruby>上手<rt>じょうず</rt></ruby>だ

<ruby>日本語<rt>にほんご</rt></ruby>がとても<ruby>上手<rt>じょうず</rt></ruby>になりましたね。

일본어가 많이 능숙해졌네요.

형 じょうずだ
능숙하다,
잘하다
N5

□ <ruby>下手<rt>へた</rt></ruby>だ

テニスは<ruby>下手<rt>へた</rt></ruby>ですが<ruby>好<rt>す</rt></ruby>きです。

테니스는 서투르지만 좋아합니다.

형 へただ
서투르다,
못하다
N5

□ <ruby>展覧会<rt>てんらんかい</rt></ruby>

<ruby>明日<rt>あした</rt></ruby>、<ruby>私<rt>わたし</rt></ruby>が<ruby>好<rt>す</rt></ruby>きな<ruby>画家<rt>がか</rt></ruby>の<ruby>展覧会<rt>てんらんかい</rt></ruby>があるのですが、<ruby>一緒<rt>いっしょ</rt></ruby>に<ruby>行<rt>い</rt></ruby>きませんか。

내일 제가 좋아하는 화가의 전람회가 있는데,
같이 안 가실래요?

명 てんらんかい
전람회
N4

まんが □ **漫画** 	たくさんの漫画^{まんが}やアニメが愛^{あい}されています。 많은 만화나 애니메이션이 사랑받고 있습니다.	명 まんが 만화 N4
おもしろ □ **面白い**	昨日^{きのう}読^よんだ本^{ほん}は面白^{おもしろ}かったです。 어제 읽은 책은 재미있었습니다.	형 おもしろい ①재미있다 ②흥미롭다 N5
□ **つまらない**	今日^{きょう}見^みた映画^{えいが}は本当^{ほんとう}につまらなかった。 오늘 본 영화는 정말 재미없었다.	형 つまらない ①재미없다 ②보잘것없다 N4
□ **つり**	週末^{しゅうまつ}はつりに行^いきます。 주말에는 낚시하러 갑니다. 	명 つり 낚시 N3
あつ □ **集める**	私^{わたし}の趣味^{しゅみ}は切手^{きって}を集^{あつ}めることです。 내 취미는 우표를 수집하는 것입니다.	동 あつめる 모으다 N4
うつ □ **写る**	写真^{しゃしん}に写^{うつ}った富士山^{ふじさん}がきれいだったので 登^{のぼ}りたくなった。 사진에 찍힌 후지산이 예뻐서 올라가고 싶어졌다.	동 うつる (사진) 찍히다 N4
さわ □ **触る**	美術館^{びじゅつかん}にある作品^{さくひん}には触^{さわ}らないでください。 미술관에 있는 작품에는 손대지 마십시오.	동 さわる 만지다, 건드리다, 닿다 N4

☐ **アパート**

このアパートは暗証番号を入力して入ります。
이 아파트는 비밀번호를 입력하고 들어갑니다.

명 あぱーと
아파트
N5

☐ **池**

あの公園には大きな池があります。
저 공원에는 큰 연못이 있습니다.

명 いけ
연못
N5

☐ **田舎**

田舎は道が広くて運転しやすい。
시골은 길이 넓어서 운전하기 편하다.

명 いなか
시골
N4

☐ **入り口**

すみませんが、この建物の入り口はどこですか。
죄송합니다만, 이 건물의 입구는 어디입니까?

명 いりぐち
입구
N5

☐ **家**

次は家に遊びに来てください。
다음에는 (우리) 집에 놀러 와 주세요.

명 うち
집
N4

☐ **映画館**

来週の土曜日2時、映画館で会いましょう。
다음 주 토요일 2시, 영화관에서 만납시다.

명 えいがかん
영화관
N5

☐ **駅**

8時に田中さんと駅で会います。
8시에 다나카 씨와 역에서 만납니다.

명 えき
역, 정거장
N5

階段 (かいだん)

3階まで階段で上がってください。
3층까지 계단으로 올라가세요.

名 かいだん
계단
N5

喫茶店 (きっさてん)

少し疲れたから、喫茶店でお茶でも飲みましょう。
좀 피곤하니까 찻집에서 차라도 마십시다.

名 きっさてん
찻집, 커피숍
N5

教会 (きょうかい)

毎週日曜日は教会に通っています。
매주 일요일은 교회에 다니고 있습니다.

名 きょうかい
교회
N4

銀行 (ぎんこう)

学校の前に銀行があります。
학교 앞에 은행이 있습니다.

名 ぎんこう
은행
N5

空港 (くうこう)

友達が空港まで迎えに来てくれました。
친구가 공항까지 마중하러 나와 줬습니다.

名 くうこう
공항
N4

玄関 (げんかん)

お客さんが来る前に玄関を掃除した。
손님이 오기 전에 현관을 청소했다.

名 げんかん
현관
N4

研究室 (けんきゅうしつ)

大学院の時は、毎日研究室にこもっていました。
대학원 때는 매일 연구실에 틀어박혀 있었습니다.

名 けんきゅうしつ
연구실
N4

□ こうえん
公園

近所の公園は子供よりお年寄りが多い。
근처 공원은 아이들보다 어르신이 많다.

명 こうえん
공원
N5

□ こうがい
郊外

ソウルの郊外に住んでいます。
서울의 교외에 살고 있습니다.

명 こうがい
교외
N4

□ こうじょう
工場

私の父は工場で働いています。
우리 아버지는 공장에서 일하고 있습니다.

명 こうじょう
공장
N4

□ こうばん
交番

交番で学校までの道を聞きました。
파출소에서 학교 가는 길을 물었습니다.

명 こうばん
파출소
N5

□ しま
島

冬休みは、南の島でゆっくり休みたいです。
겨울 휴가는 남쪽 섬에서 푹 쉬고 싶어요.

명 しま
섬
N4

□ じゅうしょ
住所

手紙を送るので住所を教えてください。
편지를 보낼 테니 주소를 가르쳐 주세요.

명 じゅうしょ
주소
N4

□ しょくどう
食堂

あの食堂は安くておいしいですよ。
저 식당은 싸고 맛있어요.

명 しょくどう
식당
N5

じんじゃ
□ **神社**

お正月には家族で神社に行きます。
설에는 가족 모두 같이 신사에 갑니다.

[명] じんじゃ
신사
N4

せき
□ **席**

席に座って静かにしていてください。
자리에 앉아서 조용히 하고 계세요.

[명] せき
①자리 ②좌석
N4

たい し かん
□ **大使館**

父は韓国の大使館で働いています。
아버지는 한국의 대사관에서 일하고 있습니다.

[명] たいしかん
대사관
N4

たてもの
□ **建物**

あの大きな建物が有名な六本木ヒルズです。
저 큰 건물이 유명한 롯본기힐즈입니다.

[명] たてもの
건물
N5

ちゅうしゃじょう
□ **駐車場**

駅の近くに駐車場がなくてとても不便です。
역 근처에 주차장이 없어서 너무 불편합니다.

[명] ちゅうしゃじょう
주차장
N4

で ぐち
□ **出口**

その建物の出口で待っています。
그 건물 출구에서 기다리고 있습니다.

[명] でぐち
출구
N5

てら
□ **お寺**

私の家の裏には有名なお寺があります。
우리 집 뒤에는 유명한 절이 있습니다.

[명] おてら
절, 사원
N4

91

 장소

□ **トイレ**

トイレは2階にあります。
화장실은 2층에 있습니다.

名 といれ
화장실
N5

□ **動物園** (どうぶつえん)

近所に新しく動物園を作るそうです。
근처에 새로 동물원을 짓는다고 합니다.

名 どうぶつえん
동물원
N4

□ **床屋** (とこや)

最近は床屋よりも美容室に行く男性が多い。
요즘은 이발소보다도 미용실에 가는 남성이 많다.

名 とこや
이발소
N4

□ **所** (ところ)

駅を出た所に集合しましょう。
역을 나온 곳으로 집합합시다.

名 ところ
곳, 장소
N5

□ **図書館** (としょかん)

図書館で雑誌を借りました。
도서관에서 잡지를 빌렸습니다.

名 としょかん
도서관
N5

□ **庭** (にわ)

大きな庭のある家に住みたいです。
넓은 정원이 있는 집에 살고 싶습니다.

名 にわ
정원, 뜰, 마당
N5

□ **橋** (はし)

そこにある橋をわたって、右に行くと交番があります。
거기에 있는 다리를 건너서 오른쪽으로 가면 파출소가 있습니다.

名 はし
다리
N4

□ **美術館** びじゅつかん

美術館で東洋画の展覧会を見た。

미술관에서 동양화 전람회를 봤다.

명 びじゅつかん
미술관
N4

□ **病院** びょういん

あの大きな建物が病院です。

저 큰 건물이 병원입니다.

명 びょういん
병원
N5

□ **ビル**

韓国は日本より高いビルが多いですね。

한국은 일본보다 높은 빌딩이 많군요.

명 びる
빌딩
N4

□ **プール**

夏休みにプールで泳ぎました。

여름 방학 때 수영장에서 수영했습니다.

명 ぷーる
수영장
N4

□ **町** まち

隣の町まで電車で30分くらいです。

이웃 동네까지 전철로 30분 정도입니다.

참고 街 거리

명 まち
동네, 시/구를
나누는 구획
N5

□ **湖** みずうみ

来週の土曜日、父と湖に釣りをしに行く予定です。

다음 주 토요일, 아버지와 호수에 낚시를 하러 갈 예정입니다.

명 みずうみ
호수
N3

□ **道** みち

日本は道が狭いから、小さな車が便利ですよ。

일본은 길이 좁으니까 작은 차가 편리해요.

명 みち
길, 도로
N5

□ <ruby>港<rt>みなと</rt></ruby>

<ruby>港<rt>みなと</rt></ruby>に<ruby>大<rt>おお</rt></ruby>きな<ruby>船<rt>ふね</rt></ruby>が<ruby>泊<rt>と</rt></ruby>まっています。
항구에 큰 배가 정박하고 있습니다.

명 みなと
항구
N4

□ <ruby>村<rt>むら</rt></ruby>

<ruby>若<rt>わか</rt></ruby>い<ruby>人<rt>ひと</rt></ruby>はどんどん<ruby>村<rt>むら</rt></ruby>を<ruby>出<rt>で</rt></ruby>て、<ruby>都会<rt>とかい</rt></ruby>に<ruby>行<rt>い</rt></ruby>って
しまう。
젊은이들은 잇따라 마을을 떠나 도시로 가 버린다.

명 むら
마을, 촌락
N4

□ <ruby>八百屋<rt>やおや</rt></ruby>

<ruby>駅<rt>えき</rt></ruby>の<ruby>近<rt>ちか</rt></ruby>くにある<ruby>八百屋<rt>やおや</rt></ruby>で<ruby>買<rt>か</rt></ruby>い<ruby>物<rt>もの</rt></ruby>をしました。
역 근처에 있는 채소 가게에서 장을 봤습니다.

명 やおや
채소 가게, 또는
채소 장수
N5

□ <ruby>郵便局<rt>ゆうびんきょく</rt></ruby>

<ruby>郵便局<rt>ゆうびんきょく</rt></ruby>ではがきを<ruby>3枚<rt>まいか</rt></ruby>買いました。
우체국에서 엽서를 세 장 샀습니다.

명 ゆうびんきょく
우체국
N5

□ レストラン

このレストランは<ruby>安<rt>やす</rt></ruby>くておいしい。
이 레스토랑은 싸고 맛있다.

명 れすとらん
레스토랑
N5

□ <ruby>空<rt>あ</rt></ruby>く

<ruby>空<rt>あ</rt></ruby>いている<ruby>部屋<rt>へや</rt></ruby>がありますか。
빈방이 있습니까?

동 あく
비다
N4

□ りょう
利用

図書館は10時から5時まで利用できます。
도서관은 10시부터 5시까지 이용할 수 있습니다.

명 りよう
이용
N4

□ さが
探す

駅の近くで郵便局を探しています。
역 근처에서 우체국을 찾고 있습니다.

동 さがす
찾다
N4

□ ま
待つ

カフェで彼を待っています。
카페에서 그를 기다리고 있습니다.

동 まつ
기다리다
N4

□ おくじょう
屋上

スーパーの駐車場は屋上にある。
슈퍼마켓의 주차장은 옥상에 있다.

명 おくじょう
옥상
N4

□ おうだん ほ どう
横断歩道

赤信号で横断歩道を渡ってはいけません。
빨간 신호에서 횡단보도를 건너서는 안 됩니다.

명 おうだんほどう
횡단보도
N4

□ ほん や
本屋

本屋で新しい本を探すのは楽しい。
서점에서 새 책을 찾는 것은 즐겁다.

명 ほんや
서점
N5

ねずみ 쥐

うし 소

とら 호랑이

うさぎ 토끼

たつ・りゅう 용

へび 뱀

うま 말

ひつじ 양

さる 원숭이

にわとり・とり 닭

いぬ 개

いのしし 멧돼지

*일본 12지에는 우리나라와 다르게 돼지 대신 멧돼지가 들어갑니다.

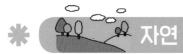

□ いし
石

危ないから、石を投げてはいけませんよ。
위험하니까 돌을 던져서는 안 돼요.

명 いし
돌
N4

□ うみ
海

夏休みに海に行きました。
여름휴가 때 바다에 갔습니다.

명 うみ
바다
N5

□ えだ
枝

木の枝に触らないでください。
나뭇가지에 손대지 마십시오.

명 えだ
가지
N4

□ おと
音

自然の音を使って音楽を作りました。
자연의 소리를 사용해서 음악을 만들었습니다.

명 おと
소리
N4

□ かいがん
海岸

二人で海岸を散歩しました。
둘이서 바닷가를 산책했습니다.

명 かいがん
해안, 바닷가
N4

□ かわ
川

昨日、川で遊びました。
어제 강에서 놀았습니다.

명 かわ
강, 시내
N5

□ き
木

庭に大きな木があります。
정원에 큰 나무가 있습니다.

명 き
나무
N5

くうき
□ **空気**

と かい　くう き　　よご
都会の空気は汚れている。
도시의 공기는 오염되어 있다.

圐 くうき
공기
N4

くさ
□ **草**

にわ　　くさ　　　　　　　は
庭には草がたくさん生えています。
정원에는 풀이 많이 자라고 있습니다.

圐 くさ
풀
N4

けしき
□ **景色**

おくじょう　　み　　けしき
このビルの屋上から見える景色はすばら
しいです。
이 빌딩의 옥상에서 보이는 경치는 멋있습니다.

圐 けしき
경치, 풍경
N4

こ とり
□ **小鳥**

こ とり　　ば　き　えだ　と
小鳥が3羽、木の枝に止まっている。
작은 새가 세 마리, 나뭇가지에 앉아 있다.

参考 「羽 ~마리」는 숫자에 따라 「わ・ば・ぱ」로
발음됨

圐 ことり
(참새, 종달새
같은) 작은 새
N4

□ **ごみ**

も　　　　　　か ようび　もくようび　だ
燃えるごみは火曜日と木曜日に出してく
ださい。
타는 쓰레기는 화요일과 목요일에 내놓아 주십시오.

圐 ごみ
쓰레기, 먼지,
티끌
N4

じ しん
□ **地震**

に ほん　　　じ しん　　　　お
日本では地震がよく起きます。
일본에서는 지진이 자주 일어납니다.

圐 じしん
지진
N4

すな
□ **砂**

くつ　なか　すな　はい
靴の中に砂が入った。
신발 안에 모래가 들어갔다.

圐 すな
모래
N4

99

□ そら
空
〔명〕そら
하늘
N5

おきなわ　そら　うみ　あお
沖縄の空と海は青くてきれいです。
오키나와의 하늘과 바다는 파랗고 아름답습니다.

□ とり
鳥
〔명〕とり
새
N5

とり　そら　と
鳥が空を飛んでいます。
새가 하늘을 날고 있습니다.

□ におい
〔명〕におい
냄새, 향
N4

あめ　ふ　つち
雨が降ると土のにおいがしますね。
비가 오면 흙 냄새가 나네요.

□ は
葉
〔명〕は
잎, 잎사귀
N5

あき　　　　は　あか　きいろ　いろ
秋になって、葉が赤や黄色に色づいて
とてもきれいだ。
가을이 되어 나뭇잎이 빨강이나 노랑으로 물들어
서 정말 예쁘다.

□ はな
花
〔명〕はな
꽃
N5

す　　おんな　こ　はな
好きな女の子に花をあげました。
좋아하는 여자아이에게 꽃을 주었습니다.

□ ほし
星
〔명〕ほし
별
N5

ふゆ　よる　ほし
冬の夜は星がきれいです。
겨울 밤은 별이 아름답습니다.

□ むし
虫
〔명〕むし
벌레, 곤충
N5

こども　　　　　　こうえん　むし
子供たちをつれて、公園に虫をとりに
い
行きました。
아이들을 데리고 공원에 곤충을 잡으러 갔습니다.

□ やま
山

週末は家族で山に登ります。

주말에는 가족과 함께 산을 오릅니다.

명 やま
산
N5

□ きたな
汚い

観光客がゴミを捨てて山が汚くなりました。

관광객이 쓰레기를 버려서 산이 더러워졌습니다.

형 きたない
더럽다
N5

□ くら
暗い

曇っているので、空が暗い。

날씨가 흐려서 하늘이 어둡다.

형 くらい
어둡다
N5

□ ふか
深い

この池は深いので入ってはいけません。

이 연못은 깊으니까 들어가서는 안 됩니다.

형 ふかい
깊다
N4

□ い
生きる

私たちは自然と一緒に生きていく。

우리들은 자연과 함께 살아간다.

동 いきる
①살다
②생계를 유지하다
N4

□ いる

いろいろな人がいるから、面白いです。

가지각색의 사람들이 있어서 재미있습니다.

동 いる
(사람, 동물 등이)
있다, 존재하다
N5

□ う
植える

庭に木を植えようと思っています。

마당에 나무를 심으려고 합니다.

동 うえる
심다, 배양하다
N4

□ 動く
うご

コアラはなかなか動かない動物です。
うご　　　　　どうぶつ
코알라는 좀처럼 움직이지 않는 동물입니다.

동 うごく
움직이다
N4

□ 折れる
お

昨日の台風で庭の木が折れてしまった。
きのう　たいふう　にわ　き　お
어제의 태풍으로 마당의 나무가 부러져 버렸다.
참고 折る 접다, 꺾다, 부러뜨리다
お

동 おれる
①접히다
②부러지다
N4

□ 変わる
か

季節によって気温が変わります。
きせつ　　　　きおん　か
계절에 따라서 기온이 변합니다.

동 かわる
변하다, 바뀌다
N4

□ 聞こえる
き

セミの声が聞こえます。
こえ　き
매미 소리가 들립니다.

동 きこえる
들리다
N4

□ 森
もり

森の中には小さい動物が住んでいる。
もり　なか　　ちい　　どうぶつ　す
숲 속에는 작은 동물이 살고 있다.

명 もり
숲
N4

□ 登る
のぼ

山に登る時は天気に注意しなければなら
やま　のぼ　とき　てんき　ちゅうい
ない。
산에 오를 때는 날씨에 주의해야 한다.

동 のぼる
오르다, 등산하다
N5

□ 撮る
と

山や海の写真をたくさん撮りました。
やま　うみ　しゃしん　　　　と
산과 바다 사진을 많이 찍었습니다.

동 とる
(사진을) 찍다,
촬영하다
N5

□ アルバイト	今日は、アルバイトがあるので、会えません。 오늘은 아르바이트가 있어서 만날 수 없습니다.	명 あるばいと 아르바이트 N4
□ 医者 いしゃ	私の父は医者です。 우리 아버지는 의사입니다.	명 いしゃ 의사 N5
□ 運転手 うんてんしゅ	運転手さん、あの信号のところで降ろしてください。 기사님, 저 신호등이 있는 곳에서 내려 주세요.	명 うんてんしゅ 운전사, 기사 N4
□ 看護師 かんごし	将来、私は看護師になるつもりです。 장래에 저는 간호사가 될 생각입니다.	명 かんごし 간호사 N3
□ 記者 きしゃ	たくさんの人に正しい情報を伝える記者になりたい。 많은 사람들에게 올바른 정보를 전하는 기자가 되고 싶다.	명 きしゃ 기자 N5
□ 警察 けいさつ	パスポートをなくした時はまず警察に行きましょう。 여권을 잃어버렸을 때는 우선 경찰서에 갑시다.	명 けいさつ 경찰, 경찰관, 경찰서 N4
□ 公務員 こうむいん	現在、公務員は人気のある職業です。 현재 공무원은 인기 있는 직업입니다.	명 こうむいん 공무원 N4

□ **店員**
<ruby>店員<rt>てんいん</rt></ruby>

あの<ruby>店<rt>みせ</rt></ruby>の<ruby>店員<rt>てんいん</rt></ruby>はみんな<ruby>親切<rt>しんせつ</rt></ruby>です。
저 가게의 점원은 모두 다 친절합니다.

명 てんいん
점원
N4

□ **歯医者**
<ruby>歯医者<rt>は いしゃ</rt></ruby>

<ruby>今日<rt>きょう</rt></ruby>の5<ruby>時<rt>じ</rt></ruby>に<ruby>歯医者<rt>は いしゃ</rt></ruby>を<ruby>予約<rt>よ やく</rt></ruby>しました。
오늘 5시에 치과를 예약했습니다.

명 はいしゃ
치과, 치과 의사
N4

□ **翻訳**
<ruby>翻訳<rt>ほんやく</rt></ruby>

<ruby>英語<rt>えい ご</rt></ruby>の<ruby>翻訳<rt>ほんやく</rt></ruby>のアルバイトをしています。
영어 번역 아르바이트를 하고 있습니다.

명 ほんやく
번역
N3

□ **デザイナー**

このくつはイタリアのデザイナーがデザインした。
이 신발은 이탈리아 디자이너가 디자인했다.

명 でざいなー
디자이너
N5

□ **プログラマー**

<ruby>小学生<rt>しょうがく せい</rt></ruby>の<ruby>夢<rt>ゆめ</rt></ruby>がプログラマーだと<ruby>聞<rt>き</rt></ruby>いて<ruby>驚<rt>おどろ</rt></ruby>いた。
초등학생의 꿈이 프로그래머라는 말을 듣고 놀랐다.

명 ぷろぐらまー
프로그래머
N4

□ **芸能人**
<ruby>芸能人<rt>げいのうじん</rt></ruby>

<ruby>人気<rt>にん き</rt></ruby>がある<ruby>芸能人<rt>げいのうじん</rt></ruby>には<ruby>自分<rt>じ ぶん</rt></ruby>の<ruby>時間<rt>じ かん</rt></ruby>がない。
인기가 있는 연예인에게는 자신의 시간이 없다.

명 げいのうじん
연예인
N4

□ **モデル**

モデルから<ruby>作家<rt>さっ か</rt></ruby>になった<ruby>人<rt>ひと</rt></ruby>もいます。
모델에서 작가가 된 사람도 있습니다.

명 もでる
모델
N4

せんせい
先生 선생님

べん ご し
弁護士 변호사

かいしゃいん
会社員 회사원

キャビンアテンダント(CA) 스튜어디스
きゃくしつじょう む いん
客室乗務員 객실 승무원

パイロット 파일럿

び よう し
美容師 미용사

<ruby>秘書<rt>ひしょ</rt></ruby> 비서

<ruby>消防士<rt>しょうぼうし</rt></ruby> 소방관

<ruby>看護師<rt>かんごし</rt></ruby> 간호사

<ruby>医者<rt>いしゃ</rt></ruby> 의사

<ruby>警察官<rt>けいさつかん</rt></ruby> 경찰관

コック 요리사

□ 足 _{あし}

今日_{きょう}はたくさん歩_{ある}いたので、足_{あし}が痛_{いた}いです。

오늘은 많이 걸어서 다리가 아픕니다.

명 あし
다리, 발
N5

□ 頭 _{あたま}

風邪_{かぜ}で頭_{あたま}が痛_{いた}い。

감기 때문에 머리가 아프다.

명 あたま
머리, 두뇌
N5

□ 髪 _{かみ}

髪_{かみ}が長_{なが}くなったので、美容室_{びようしつ}に行_いきました。

머리가 길어져서 미용실에 갔습니다.

명 かみ
머리카락,
머리털
N4

□ 顔 _{かお}

顔_{かお}に何_{なに}かついていますよ。

얼굴에 뭐가 묻었어요.

명 かお
얼굴
N5

□ 口 _{くち}

彼女_{かのじょ}は笑_{わら}う時_{とき}に口_{くち}を大_{おお}きく開_あける。

그녀는 웃을 때 입을 크게 벌린다.

참고 口数_{くちかず}が多_{おお}い 말이 많다

명 くち
①입
②말
N5

□ 首 _{くび}

冬_{ふゆ}は首_{くび}が寒_{さむ}いのでマフラーを巻_まく。

겨울은 목이 춥기 때문에 목도리를 두른다.

명 くび
목
N4

□ のど

カラオケで歌_{うた}をたくさん歌_{うた}ったので、のどが少_{すこ}し痛_{いた}い。

노래방에서 노래를 많이 불러서 목이 조금 아프다.

명 のど
인후, 목구멍
N4

め 目	目が悪くなったので眼鏡をかけました。 눈이 나빠져서 안경을 썼습니다.	명 め 눈 N5
みみ 耳	朝から急に耳が痛くなって、薬を飲みました。 아침부터 갑자기 귀가 아파서 약을 먹었습니다.	명 みみ 귀 N5
こえ 声	外で大きな声がしていますが、だれでしょうか。 밖에서 큰소리가 들리는데, 누구인가요?	명 こえ 목소리 N5
は 歯	昨日の夜から歯が痛くなり、今日は歯医者さんに行きました。 어젯밤부터 이가 아파서, 오늘은 치과에 갔습니다.	명 は 이, 이빨 N4
ひげ	ひげが似合いますね。 수염이 잘 어울리네요.	명 ひげ 수염 N4
はな 鼻	風邪をひいて鼻が詰まってしまった。 감기에 걸려서 코가 막혀 버렸다.	명 はな 코 N5
ゆび 指	料理をしている時に、間違って指を切ってしまいました。 요리를 하던 중에, 실수로 손가락을 베고 말았습니다.	명 ゆび 손가락 N4

□ **腕** ^{うで}

重い荷物を持ったので腕が痛い。

무거운 짐을 들어서 팔이 아프다.

명 うで
①팔 ②솜씨
N4

□ **手** ^て

手を洗ってから、ご飯を食べてください。

손을 씻은 다음에 식사를 하세요.

명 て
손
N5

□ **背** ^せ

あの背が高い男の子が私の息子です。

저 키가 큰 남자아이가 제 아들입니다.

명 せ・せい
키, 신장
N5

□ **背中** ^{せなか}

久しぶりに泳いで背中が痛い。

오랜만에 헤엄쳐서 등이 아프다.

명 せなか
①등
②등 뒤, 뒤쪽
N4

□ **毛** ^け

母に似て髪の毛の量が多い。

엄마를 닮아서 머리카락 숱이 많다.

명 け
털, 머리털
N4

□ **体** ^{からだ}

私の妹は体が弱いです。

제 여동생은 몸이 약합니다.

명 からだ
몸, 신체
N5

□ **気** ^き

やる気がないのなら、やめなさい。

할 마음(의욕)이 없다면 그만둬라.

명 き
기운, 기분, 마음
N4

具合 ぐあい

けがの具合はどうですか。早く元気になってください。

부상 정도는 어떠세요? 빨리 나으세요.

명 ぐあい
①형편, 상태
②몸(건강) 상태
N4

医学 いがく

キムさんは大学で医学を専攻しています。

김 씨는 대학에서 의학을 전공하고 있습니다.

명 いがく
의학
N4

薬 くすり

風邪をひいたので薬を飲みました。

감기에 걸려서 약을 먹었습니다.

명 くすり
약(의약품)
N5

怪我する けがする

昨日、友達と野球をしている時に足を怪我しました。

어제 친구들과 야구를 할 때 다리를 다쳤습니다.

참고 怪我 부상, 상처

동 けがする
다치다,
부상을 입다
N4

タバコ

子供が生まれたので、タバコをやめました。

아이가 태어나서 담배를 끊었습니다.

명 たばこ
담배
N5

注射 ちゅうしゃ

注射を打たれた子供が痛くて泣いています。

주사를 맞은 아이가 아파서 울고 있습니다.

명 ちゅうしゃ
주사
N4

入院 にゅういん

母が病気で1か月ほど入院することになった。

어머니가 병 때문에 한 달 정도 입원하게 됐다.

명 にゅういん
입원
N4

신체 · 건강

たいいん
退院

来週退院できるとお医者さんに言われました。

다음 주에 퇴원할 수 있다고 의사 선생님께 들었습니다.

명 たいいん
퇴원
N4

お見舞い

祖父のお見舞いに病院へ行ってきました。

할아버지를 병문안하러 병원에 다녀왔습니다.

명 おみまい
병문안
N4

ねつ
熱

熱が39度もあるので、今日は学校に行けません。

열이 39도나 돼서 오늘은 학교에 갈 수 없습니다.

명 ねつ
열
N4

びょうき
病気

父はずっと病気で寝ています。

아버지는 계속 병으로 누워 있습니다.

명 びょうき
병, 질병
N5

いた
痛い

頭が痛いので、今日は先に帰ります。

머리가 아파서 오늘은 먼저 돌아가겠습니다.

형 いたい
아프다
N5

ち
血

怪我をして血が出てしまった。

다쳐서 피가 나 버렸다.

명 ち
①피
②핏줄, 혈통
N4

ちから
力

彼はクラスで一番力が強い。

그는 반에서 제일 힘이 세다.

명 ちから
힘
N4

□ <ruby>重<rt>おも</rt></ruby>い

<ruby>見<rt>み</rt></ruby>た<ruby>目<rt>め</rt></ruby>より<ruby>体重<rt>たいじゅう</rt></ruby>が<ruby>重<rt>おも</rt></ruby>いです。
보기보다 체중이 무겁습니다.

형 おもい
무겁다
N5

□ <ruby>軽<rt>かる</rt></ruby>い

ダイエットに<ruby>成功<rt>せいこう</rt></ruby>して<ruby>体<rt>からだ</rt></ruby>が<ruby>軽<rt>かる</rt></ruby>くなりました。
다이어트에 성공해서 몸이 가벼워졌습니다.

형 かるい
가볍다
N5

□ <ruby>高<rt>たか</rt></ruby>い

<ruby>私<rt>わたし</rt></ruby>の<ruby>弟<rt>おとうと</rt></ruby>は<ruby>私<rt>わたし</rt></ruby>より<ruby>背<rt>せ</rt></ruby>が<ruby>高<rt>たか</rt></ruby>い。
내 남동생은 나보다 키가 크다.

형 たかい
①높다,
 (키가) 크다
②비싸다
N5

□ <ruby>低<rt>ひく</rt></ruby>い

<ruby>佐藤<rt>さとう</rt></ruby>さんは<ruby>背<rt>せ</rt></ruby>が<ruby>低<rt>ひく</rt></ruby>いです。
사토 씨는 키가 작습니다.

형 ひくい
낮다, (키가) 작다
N5

□ <ruby>眠<rt>ねむ</rt></ruby>い

<ruby>眠<rt>ねむ</rt></ruby>い<ruby>時<rt>とき</rt></ruby>は<ruby>我慢<rt>がまん</rt></ruby>しないで<ruby>寝<rt>ね</rt></ruby>た<ruby>方<rt>ほう</rt></ruby>がいいです。
졸릴 때는 참지 말고 자는 게 좋습니다.

형 ねむい
졸리다,
잠이 오다
N4

□ <ruby>太<rt>ふと</rt></ruby>い

<ruby>歩<rt>ある</rt></ruby>き<ruby>方<rt>かた</rt></ruby>が<ruby>間違<rt>まちが</rt></ruby>っていると<ruby>足<rt>あし</rt></ruby>が<ruby>太<rt>ふと</rt></ruby>くなるそうです。
걷는 방법이 잘못되어 있으면 다리가 굵어진다고 합니다.

형 ふとい
①굵다
②뚱뚱하다
N5

□ <ruby>細<rt>ほそ</rt></ruby>い

<ruby>彼<rt>かれ</rt></ruby>の<ruby>手足<rt>てあし</rt></ruby>はモデルのように<ruby>細<rt>ほそ</rt></ruby>い。
그의 팔다리는 모델처럼 가늘다.

형 ほそい
①가늘다 ②좁다
N5

신체·건강

□ 元気だ
げんき

父は長い間、病気でしたが、元気になりました。

아버지는 오랫동안 병을 앓았었지만 건강해졌습니다.

형 げんきだ
건강하다,
활달하다
N5

□ 十分だ
じゅうぶん

十分に休んだ後で出発しましょう。

충분히 쉰 다음에 출발합시다.

형 じゅうぶんだ
충분하다,
부족함이 없다
N4

□ 大事だ
だいじ

どうぞお大事になさってください。

아무쪼록 몸조리 잘 하세요.

형 だいじだ
①중대하다
②소중하다
N4

□ 言う
い

お医者さんの言うように、ゆっくり休んでください。

의사 선생님이 말하는 대로 푹 쉬어 주세요.

동 いう
말하다
N5

□ 健康
けんこう

健康のために規則正しい生活をします。

건강을 위해 규칙적인 생활을 합니다.

명 けんこう
건강
N4

참고 規則正しい 규칙적이다

□ 検査
けんさ

病院で10種類ぐらい検査をしました。

병원에서 열 가지 정도 검사를 했습니다.

명 けんさ
검사
N3

□ 保険
ほけん

保険に入っていれば病院の費用が安くなる。

보험에 들어 있으면 병원비가 싸진다.

명 ほけん
보험
N4

あんしん
安心する

この水はきれいだから、安心して飲んで
ください。

이 물은 깨끗하니까 안심하고 마셔요.

동 あんしんする
안심하다
N4

しんぱい
心配する

そんなに心配しなくても大丈夫ですよ。

그렇게 걱정하지 않아도 괜찮아요.

동 しんぱいする
걱정하다
N4

かんたん
簡単だ

外国語を勉強することは簡単ではありま
せん。

외국어를 공부하는 것은 간단하지 않습니다.

명 かんたんだ
간단하다, 쉽다
N4

きぶん
気分

雨の日はなんとなくさびしい気分になり
ます。

비 오는 날은 왠지 쓸쓸한 기분이 됩니다.

명 きぶん
기분
N4

きもち
気持ち

あなたの正直な気持ちを聞かせてください。

당신의 솔직한 생각을 들려주세요.

명 きもち
①감정 ②생각
N4

こころ
心

他人の心を理解するのは難しいです。

타인의 마음을 이해하는 것은 어렵습니다.

명 こころ
①마음
②진심, 정성
N4

ざんねん
残念だ

残念ですが、彼はあの会社に就職できま
せんでした。

아쉽지만 그는 그 회사에 취직하지 못했습니다.

형 ざんねんだ
유감이다, 아쉽다
N4

□ 楽しみ <small>たの</small>

夜寝る前にウィスキーを一杯飲むのが私の小さな楽しみです。

밤에 자기 전에 위스키를 한 잔 마시는 것이 제 작은 즐거움입니다.

<small>명</small> たのしみ
즐거움, 낙
N4

□ いい / よい

昨日のコンサートはよかったですね。

어제 콘서트는 좋았어요.

<small>형</small> いい/よい
좋다
N5

□ 悪い <small>わる</small>

車に酔って気持ちが悪くなりました。

차멀미를 해서 기분이 나빠졌습니다.

<small>참고</small> 車に酔う 차멀미가 나다 / 車酔い 차멀미

<small>형</small> わるい
나쁘다,
좋지 않다
N5

□ うれしい

お会いできてうれしいです。

만나 봬서 반갑습니다.

<small>형</small> うれしい
기쁘다, 반갑다
N4

□ 悲しい <small>かな</small>

飼っていた犬が死んで悲しい。

키우던 개가 죽어서 슬프다.

<small>형</small> かなしい
슬프다
N4

□ 怖い <small>こわ</small>

社長はとても怖い方です。

사장님은 아주 무서운 분입니다.

<small>형</small> こわい
무섭다
N4

□ 寂しい <small>さび</small>

一人暮らしはとても寂しい。

혼자 사는 것은 무척 외롭다.

<small>형</small> さびしい
외롭다, 쓸쓸하다
N4

<ruby>恥<rt>は</rt></ruby>ずかしい	みんなの<ruby>前<rt>まえ</rt></ruby>で<ruby>話<rt>はな</rt></ruby>すのは<ruby>恥<rt>は</rt></ruby>ずかしい。 모두의 앞에서 이야기하는 것은 부끄럽다.	형 はずかしい 부끄럽다, 창피하다 N4
<ruby>好<rt>す</rt></ruby>きだ	<ruby>私<rt>わたし</rt></ruby>が<ruby>一番<rt>いちばん</rt></ruby><ruby>好<rt>す</rt></ruby>きな<ruby>食<rt>た</rt></ruby>べ<ruby>物<rt>もの</rt></ruby>はすしです。 제가 제일 좋아하는 음식은 초밥입니다.	형 すきだ 좋다, 좋아하다 N5
<ruby>嫌<rt>きら</rt></ruby>いだ	<ruby>私<rt>わたし</rt></ruby>は<ruby>人<rt>ひと</rt></ruby>が<ruby>多<rt>おお</rt></ruby>いところが<ruby>嫌<rt>きら</rt></ruby>いだ。 나는 사람이 많은 곳을 싫어한다.	형 きらいだ 싫어하다 N5
<ruby>嫌<rt>いや</rt></ruby>だ	このごろ、<ruby>嫌<rt>いや</rt></ruby>なことがたくさんあります。 요즈음 불쾌한 일이 많이 있습니다.	형 いやだ 싫다, 바라지 않는다, 불쾌하다 N5
<ruby>驚<rt>おどろ</rt></ruby>く	<ruby>科学技術<rt>かがくぎじゅつ</rt></ruby>の<ruby>進歩<rt>しんぽ</rt></ruby>に<ruby>驚<rt>おどろ</rt></ruby>く。 과학 기술의 진보에 놀란다.	동 おどろく 놀라다 N4
<ruby>思<rt>おも</rt></ruby>う	<ruby>最初<rt>さいしょ</rt></ruby>に<ruby>思<rt>おも</rt></ruby>ったより<ruby>日本語<rt>にほんご</rt></ruby>の<ruby>勉強<rt>べんきょう</rt></ruby>は<ruby>簡単<rt>かんたん</rt></ruby>です。 처음에 생각했던 것보다 일본어 공부는 쉽습니다.	동 おもう ①생각하다 ②예상하다 N4
<ruby>笑<rt>わら</rt></ruby>う	<ruby>彼女<rt>かのじょ</rt></ruby>はいつも<ruby>明<rt>あか</rt></ruby>るく<ruby>笑<rt>わら</rt></ruby>っている。 그녀는 언제나 밝게 웃고 있다.	동 わらう 웃다 N4

□ 計画 (けいかく)

計画を立てないで行動すると失敗しますよ。

계획을 세우지 않고 행동하면 실패할 거예요.

명 けいかく
계획
N4

□ 準備 (じゅんび)

明日の会議の準備が大変だ。

내일 회의 준비가 힘들다.

명 じゅんび
준비
N4

□ 支度 (したく)

明日の旅行の支度をしなければならないから、今日は早く帰りますね。

내일 (갈) 여행 준비를 해야 하니까 오늘은 일찍 들어갈게요.

명 したく
준비, 채비
N4

□ 用意 (ようい)

パーティーで食べるお菓子を用意した。

파티에서 먹을 과자를 준비했다.

명 ようい
준비, 대비
N4

□ 結婚 (けっこん)

来年、うちの姉が結婚します。

내년에 우리 언니(누나)가 결혼합니다.

명 けっこん
결혼
N5

□ お祝い (いわ)

友達が就職したのでお祝いに花をあげました。

친구가 취직해서 축하 선물로 꽃을 주었습니다.

명 おいわい
축하, 축하 선물
N3

□ パーティー

日曜日にパーティーをするのでぜひ来てください。

일요일에 파티를 여니 부디 와 주세요.

명 ぱーてぃー
파티
N4

□ しょうたい **招待** 	ゆうじん いえ しょうたい 友人を家に招待した。 친구를 집에 초대했다.	명 しょうたい 초대 N4
□ **くれる**	これは卒業式に父がくれた時計です。 이것은 졸업식 (때)에 아빠가 준 시계입니다.	동 くれる 주다 N4
□ いの **祈る**	しんねん か ぞく けんこう いの 新年に家族の健康を祈りました。 새해에 가족의 건강을 기원했습니다.	동 いのる 빌다, 기원하다 N4
□ み あ **お見合い**	あした はじ み あ 明日は初めてのお見合いです。 내일은 첫 맞선입니다.	명 おみあい 맞선 N4
□ はな び **花火**	まつ ひ はな び たいかい 祭りの日に花火大会をします。 축제 날에 불꽃놀이를 합니다.	명 はなび 불꽃, 폭죽 N4
□ き ねん **記念**	ゆうしょう き ねん 優勝した記念にパーティーをしました。 우승한 기념으로 파티를 했습니다.	명 きねん 기념 N3
□ せいじん **成人**	さい せいじん くに おお 18歳で成人になる国が多いです。 18살에 성인이 되는 나라가 많습니다.	명 せいじん 성인 N3
□ ねんまつねん し **年末年始**	ねんまつねん し いそが 年末年始はいろいろ忙しい。 연말연시는 여러 가지로 바쁘다.	명 ねんまつねんし 연말연시 N3

□ **一緒に**
いっしょ

私は毎日、友人と一緒に学校に行きます。
わたし まいにち ゆうじん いっしょ がっこう い
나는 매일 친구와 함께 학교에 갑니다.

부 いっしょに
함께, 같이
N4

□ **朝寝坊**
あさ ね ぼう

朝寝坊をしたので会社に遅刻してしまい
あさ ね ぼう かいしゃ ち こく
ました。
늦잠을 자서 회사에 지각하고 말았습니다.

명 あさねぼう
늦잠
N3

□ **散歩**
さん ぽ

毎朝、散歩をしたり運動をしたりします。
まいあさ さん ぽ うんどう
매일 아침, 산책을 하거나 운동을 하거나 합니다.

명 さんぽ
산책
N5

□ **食事**
しょく じ

食事の後でコーヒーを飲みに行きましょう。
しょく じ あと の い
식사 후에 커피를 마시러 갑시다.

명 しょくじ
식사
N4

□ **洗濯**
せんたく

天気がいいので、今日の午後に洗濯を
てん き きょう ご ご せんたく
します。
날씨가 좋아서 오늘 오후에 빨래를 할 겁니다.

명 せんたく
세탁, 빨래
N5

□ **掃除**
そう じ

引っ越す前に、家の中を掃除した。
ひ こ まえ いえ なか そう じ
이사하기 전에 집 안을 청소했다.

명 そうじ
청소
N4

浴びる <small>あ</small>	暑かったので、つめたい水を頭から浴びた。 더워서 찬물을 머리부터 끼얹었다. <small>참고</small> シャワーを浴びる 샤워를 하다	동 あびる ①물을 끼얹다 ②햇볕을 쬐다 ③(비난을) 받다 N5
起きる <small>お</small>	毎朝、7時に起きなければなりません。 매일 아침, 7시에 일어나야 합니다.	동 おきる ①일어나다 ②발생하다 N4
送る <small>おく</small>	母の誕生日にメッセージを送った。 엄마 생신에 메시지를 보냈다.	동 おくる 보내다 N4
押す <small>お</small>	ボタンを押して、エレベーターを呼んだ。 버튼을 눌러서 엘리베이터를 불렀다(잡았다).	동 おす ①밀다 ②누르다 N5
返す <small>かえ</small>	友達にこの前借りた本を返しました。 친구한테 저번에 빌린 책을 돌려줬습니다.	동 かえす 되돌리다, 돌려주다 N5
かける	今日の夜、電話をかけますね。 오늘 밤, 전화를 걸게요.	동 かける ①걸다 ②쓰다 N4
考える <small>かんが</small>	家にいてもいつも仕事のことを考える。 집에 있어도 늘 일에 대해서 생각한다. (집에 있어도 늘 일 생각을 한다.)	동 かんがえる 생각하다 N4

く □ **来る**	ともだちからメールがき来ました。 친구에게서 메일이 왔습니다.	동 くる 오다 N5

ある □ **歩く**	がっこう学校まである歩いて20ぶん分です。 학교까지 걸어서 20분입니다.	동 あるく 걷다, 걸어가다 N5

い □ **行く**	サッカーのれんしゅう練習のため、あさはや朝早くがっこう学校にい行く。 축구 연습 때문에 아침 일찍 학교에 간다.	동 いく 가다 N5

つく □ **作る**	まいあさべんとう毎朝弁当をつく作るのはたいへん大変です。 매일 아침 도시락을 만드는 것은 힘듭니다.	동 つくる 만들다 N5

す □ **捨てる**	ごみをす捨てるひ日はき決まっています。 쓰레기를 버리는 날은 정해져 있습니다.	동 すてる 버리다 N4

やす □ **休み**	つぎ次のやす休みにはえいが映画をみ見にい行きましょう。 다음 휴일에는 영화를 보러 갑시다.	명 やすみ 휴가, 휴일 N4

□ うんどう
運動

健康のために運動をすることにした。

건강을 위해서 운동을 하기로 했다.

명 うんどう
운동
N4

□ じゅうどう
柔道

小学校6年生の時から柔道を習っています。

초등학교 6학년 때부터 유도를 배우고 있습니다.

명 じゅうどう
유도
N4

□ すいえい
水泳

水泳がしたいのですが、近所にプールが
ありません。

수영을 하고 싶은데, 근처에 수영장이 없습니다.

명 すいえい
수영
N4

□ か
勝つ

今日の試合は必ず勝ちます。

오늘 시합은 꼭 이길 겁니다.

동 かつ
이기다
N4

□ ま
負ける

バドミントンの試合に負けてしまった。

배드민턴 시합에 지고 말았다.

동 まける
지다
N4

□ **スポーツ**

スポーツは見るほうがおもしろい。

스포츠는 보는 게 재미있다.

명 すぽーつ
스포츠
N5

□ **ゴルフ**

ゴルフを始めて3年になります。

골프를 시작한 지 3년이 되었습니다.

명 ごるふ
골프
N3

□ きょうそう
競争

きょうそうはあまり好きじゃありません。
경쟁은 그다지 좋아하지 않습니다.

🅜 きょうそう
경쟁
N3

□ しあい
試合

野球の試合は雨で中止になった。
야구 시합은 비로 중지되었다.

🅜 しあい
시합
N4

□ れんしゅう
練習

毎日、サッカーの練習をしています。
매일 축구 연습을 하고 있습니다.

🅜 れんしゅう
연습
N4

□ ぜんはん
前半

前半は1対1で終わった。
전반은 1:1로 끝났다.

🅜 ぜんはん
전반
N3

□ こうはん
後半

試合の後半に韓国チームが逆転した。
시합 후반에 한국 팀이 역전했다.

🅜 こうはん
후반
N3

□ ひ　わ
引き分ける

この試合で引き分けても決勝に進めます。
이 경기에서 비겨도 결승에 진출합니다.

🅥 ひきわける
비기다
N3

□ **プレー**

大勢のファンの前でいいプレーを見せたいです。
많은 팬들 앞에서 좋은 플레이를 보여 주고 싶습니다.

🅜 ぷれー
플레이, 경기
N3

□ メンバー	最高_{さいこう}のメンバーで優勝_{ゆうしょう}をめざします。 최고의 멤버로 우승을 노립니다.	圏めんばー 멤버, 구성원 N3

□ オリンピック	オリンピックは4年_{ねん}に1度_ど開_{ひら}かれる。 올림픽은 4년에 한 번 열린다.	圏おりんぴっく 올림픽 N4

□ ワールドカップ	相手_{あいて}は前回_{ぜんかい}のワールドカップで負_まけた国_{くに}だ。 상대는 지난 월드컵에서 진 나라다.	圏わーるどかっぷ 월드컵 N3

□ 応援_{おうえん}する	今日_{きょう}は自分_{じぶん}の学校_{がっこう}を応援_{おうえん}するために来_きました。 오늘은 우리 학교를 응원하기 위해 왔습니다.	動おうえんする 응원하다 N3

□ 入場_{にゅうじょう}する	選手_{せんしゅ}たちは正門_{せいもん}から入場_{にゅうじょう}します。 선수들은 정문에서 입장합니다.	動にゅうじょうする 입장하다 N3

□ 走_{はし}る	一生懸命_{いっしょうけんめい}走_{はし}ったのに負_まけてしまった。 열심히 달렸는데도 지고 말았다.	動はしる 달리다 N5

□ 始_{はじ}まる	試合_{しあい}は午後_{ごご}1時_じに始_{はじ}まります。 시합은 오후 1시에 시작됩니다.	動はじまる 시작되다 N5

125

☐ **科学** かがく	科学の発展によって、人間の生活が楽になった。 과학의 발전으로 인간의 생활이 편해졌다.	몡 かがく 과학 N4
☐ **技術** ぎじゅつ	日本の技術はすばらしいですね。 일본의 기술은 대단하군요.	몡 ぎじゅつ 기술 N4
☐ **機械** きかい	これは車を作る機械だ。 이것은 자동차를 만드는 기계다.	몡 きかい 기계 N4
☐ **工業** こうぎょう	父は工業高校の教師をしている。 아버지는 공업 고등학교의 교사를 하고 있다.	몡 こうぎょう 공업 N4
☐ **電気** でんき	すみませんが、ちょっとそこの電気を消してください。 죄송하지만, 거기 불을 꺼 주세요.	몡 でんき 전기, 전깃불 N5
☐ **電灯** でんとう	暗いので電灯をつけてもいいですか。 어두운데, 전등을 켜도 될까요?	몡 でんとう 전등, 전깃불 N4
☐ **道具** どうぐ	これは木を切るための道具です。 이것은 나무를 자르기 위한 도구입니다.	몡 どうぐ 도구 N4

126

정치 · 경제 · 사회

けいざい
□ **経済**

毎朝、テレビで経済ニュースを見ている。
매일 아침, TV로 경제 뉴스를 보고 있다.

명 けいざい
경제
N4

せい じ
□ **政治**

政治の世界に入るために勉強している。
정치의 세계에 들어가기 위해서 공부하고 있다.

명 せいじ
정치
N4

ぼうえき
□ **貿易**

貿易会社で働いているので海外に行く機会
が多いです。

무역 회사에서 일하고 있기 때문에 해외에 나갈
기회가 많습니다.

명 ぼうえき
무역
N4

ゆ にゅう
□ **輸入**

世界中のお菓子を輸入する仕事をしている。
전세계의 과자를 수입하는 일을 하고 있다.

명 ゆにゅう
수입
N4

くら
□ **比べる**

韓国は日本に比べて交通費が安いです。
한국은 일본에 비해서 교통비가 저렴합니다.

동 くらべる
비교하다
N4

しゃかい
□ **社会**

将来は社会に役立つ仕事がしたいと思い
ます。

장래에는 사회에 도움이 되는 일을 하고 싶습니다.

명 しゃかい
사회
N4

ほうりつ
□ **法律**

未成年者にお酒を売るのは法律で禁止さ
れています。

미성년자에게 술 파는 것은 법률로 금지되어 있
습니다.

명 ほうりつ
법률
N4

しゅうかん □ **習慣**	国によって生活の習慣が異なります。 나라에 따라서 생활 습관이 다릅니다.	명 しゅうかん 습관, 관습 N4
じんこう □ **人口**	この町の人口は5万人です。 이 도시의 인구는 5만 명입니다.	명 じんこう 인구 N4
ぶん か □ **文化**	文化や習慣が違っても、友達になれると思います。 문화나 관습이 달라도 친구가 될 수 있다고 생각합니다.	명 ぶんか 문화 N4
ぶんがく □ **文学**	文学作品でその国の文化を学ぶ。 문학 작품으로 그 나라의 문화를 배운다.	명 ぶんがく 문학 N4
れき し □ **歴史**	どの国でも独自の歴史と文化を持っている。 어느 나라든지 독자의 역사와 문화를 보유하고 있다.	명 れきし 역사 N4
ふる □ **古い**	古い文化でも大事にしましょう。 오래된 문화라도 소중히 합시다.	형 ふるい ①낡다, 오래되다 ②뒤떨어지다 N5

ボール 공

<ruby>野球<rt>や きゅう</rt></ruby> 야구

サッカー 축구

バスケットボール 농구

<ruby>卓球<rt>たっきゅう</rt></ruby> / ピンポン 탁구

バレーボール 배구

スキー 스키

すもう
相撲 스모

バドミントン 배드민턴

テニス 테니스

ボクシング 권투

マラソン 마라톤

3 여행 단어

- 교통
- 국가 · 언어
- 화폐
- 관광
- 음식

- 맛 · 조미료
- 쇼핑 · 패션
- 트러블
- 커뮤니케이션

交通

交通
こうつう

東京は交通がとても便利です。
도쿄는 교통이 매우 편리합니다.

명 こうつう
교통
N4

車
くるま

新しい車がほしいです。
새 차를 갖고 싶습니다.

명 くるま
차, 자동차
N5

自動車
じ どうしゃ

将来は自動車の整備士になりたい。
장래에는 자동차 정비사가 되고 싶다.

명 じどうしゃ
자동차
N4

自転車
じ てんしゃ

毎朝、自転車で学校に通っています。
매일 아침, 자전거로 학교에 다닙니다.

명 じてんしゃ
자전거
N4

地下鉄
ち か てつ

ニューヨークではバスより地下鉄が便利
です。
뉴욕에서는 버스보다 지하철이 편리합니다.

명 ちかてつ
지하철
N5

特急
とっきゅう

特急に乗りたかったのですが、切符が
売り切れていました。
특급을 타고 싶었지만, 표가 매진이었습니다.

명 とっきゅう
특급
N4

急行
きゅうこう

時間があまりないので急行に乗りましょう。
시간이 별로 없으니 급행을 탑시다.

명 きゅうこう
급행
N4

れっしゃ □ **列車**	れっしゃ の とお い 列車に乗って、どこか遠くへ行きたいと おも 思います。 열차를 타고 어딘가 멀리 가고 싶습니다.	명 れっしゃ 열차 N4
でんしゃ □ **電車**	まいあさ がっこう い でんしゃ なか ほん よ 毎朝、学校まで行く電車の中で本を読み ます。 매일 아침, 학교까지 가는 전철 안에서 책을 읽습 니다.	명 でんしゃ 전철 N5
□ **タクシー**	みち えき き 道がわからなくて、駅までタクシーで来た。 길을 몰라서 역까지 택시로 왔다.	명 たくしー 택시 N5
□ **バス**	とうきょう なり た くうこう じ かん バスで東京から成田空港まで2時間ぐらい です。 버스로 도쿄에서 나리타 공항까지 두 시간 정도입 니다.	명 ばす 버스 N5
ひ こう き □ **飛行機**	と ひ こう き み あそこを飛んでいる飛行機を見てください。 저기 날아가는 비행기를 보세요.	명 ひこうき 비행기 N5
ふね ふね □ **舟・船**	おおさか きゅうしゅう ふね い 大阪から九州まで船で行くことができます。 오사카에서 규슈까지 배로 갈 수 있습니다.	명 ふね 배, 선박 N5
□ **オートバイ**	わたし こわ 私のオートバイが壊れてしまいました。 제 오토바이가 고장 나 버렸습니다. 참고 「バイク」라고도 함	명 おーとばい 오토바이 N4

교통

□ ガソリン	ガソリンの値段が少し高くなりました。 휘발유 값이 조금 비싸졌습니다.	몡 がそりん 가솔린, 휘발유 N4
□ エスカレーター	すべての駅にエスカレーターを設置した。 모든 역에 에스컬레이터를 설치했다.	몡 えすかれーたー 에스컬레이터 N4
□ エレベーター	このエレベーターは上に行きます。 이 엘리베이터는 위로 올라갑니다.	몡 えれべーたー 엘리베이터 N5
□ 角 かど	あそこの角を右にまがると私の家があります。 저 모퉁이를 오른쪽으로 돌면 우리 집이 있습니다.	몡 かど 길모퉁이 N5
□ 地図 ち ず	地図を見ながら友達の家に行きました。 지도를 보면서 친구 집에 갔습니다.	몡 ちず 지도 N4
□ 通り とお	家の前の通りは、車がたくさん通るので少しうるさいです。 집 앞의 길은 차가 많이 지나다녀서 좀 시끄럽습니다.	몡 とおり ①길, 도로 ②왕래 N4
□ 乗り物 の もの	公共の乗り物を利用する時はマナーを守りましょう。 대중 교통을 이용할 때는 매너를 지킵시다.	몡 のりもの 탈 것, 교통, 놀이기구 N4

134

きっぷ 切符 ✏️	<ruby>長<rt>なが</rt></ruby><ruby>野<rt>の</rt></ruby><ruby>行<rt>ゆ</rt></ruby>きの<ruby>切符<rt>きっぷ</rt></ruby>を2<ruby>枚<rt>まい</rt></ruby>ください。 나가노행 승차권을 두 장 주세요.	명 きっぷ 승차권, 입장권 등의 표 N5
はや 速い	バスより<ruby>電車<rt>でんしゃ</rt></ruby>の<ruby>方<rt>ほう</rt></ruby>が<ruby>速<rt>はや</rt></ruby>い。 버스보다 전철 쪽이 빠르다. 참고 <ruby>早<rt>はや</rt></ruby>い (시간적으로) 빠르다, 이르다	형 はやい (속도, 동작이) 빠르다 N5
ふくざつ 複雑だ	<ruby>複雑<rt>ふくざつ</rt></ruby>な<ruby>問題<rt>もんだい</rt></ruby>は<ruby>考<rt>かんが</rt></ruby>えたくありません。 복잡한 문제는 생각하고 싶지 않습니다.	형 ふくざつだ 복잡하다 N4
ふ べん 不便だ	この<ruby>近<rt>ちか</rt></ruby>くには<ruby>電車<rt>でんしゃ</rt></ruby>もバスもないので<ruby>不便<rt>ふべん</rt></ruby>です。 이 근처에는 전철도 버스도 없어서 불편합니다.	형 ふべんだ 불편하다 N4
べん り 便利だ	<ruby>世<rt>よ</rt></ruby>の<ruby>中<rt>なか</rt></ruby>はとても<ruby>便利<rt>べんり</rt></ruby>になりました。 세상은 참 편리해졌습니다.	형 べんりだ 편리하다 N5
の か 乗り換える	<ruby>次<rt>つぎ</rt></ruby>の<ruby>駅<rt>えき</rt></ruby>で<ruby>乗<rt>の</rt></ruby>り<ruby>換<rt>か</rt></ruby>えます。 다음 역에서 갈아탑니다.	동 のりかえる 갈아타다 N4
いそ 急ぐ	<ruby>急<rt>いそ</rt></ruby>いで<ruby>行<rt>い</rt></ruby>ったので<ruby>遅刻<rt>ちこく</rt></ruby>しなかった。 서둘러서 갔기 때문에 지각하지 않았다.	동 いそぐ 서두르다, 빨리하다 N4

□ 降りる
<small>お</small>

<small>つぎ えき でんしゃ お</small>
次の駅で電車を降りて、バスに乗り換え<small>の か</small>
ます。

다음 역에서 전철을 내려서 버스로 갈아탑니다.

<small>参考</small> <small>かいだん お</small>階段を下りる 계단을 내려가다

동おりる
(탈 것, 역에서)
내리다
N5

□ 込む
<small>こ</small>

<small>あさ ち か てつ ほんとう こ</small>
朝の地下鉄は本当に込んでいる。

아침의 지하철은 굉장히 붐빈다.

동こむ
가득 차다,
붐비다
N4

□ 締める
<small>し</small>

<small>くるま の とき し</small>
車に乗る時は、シートベルトを締めてく
ださい。

차에 탈 때는 안전벨트를 매 주세요.

동しめる
매다, 졸라매다
N5

□ 運転
<small>うんてん</small>

<small>あめ ふ き うんてん</small>
雨が降っているので、気をつけて運転し
てください。

비가 오고 있으니까 조심해서 운전하세요.

명うんてん
운전
N4

□ 出発
<small>しゅっぱつ</small>

<small>しゅっぱつ じ かん じ おく</small>
出発の時間は9時ですので、遅れないで
ください。

출발 시간은 9시이므로 늦지 마십시오.

명しゅっぱつ
출발
N4

□ 注意
<small>ちゅう い</small>

<small>じ こ うんてん ちゅう い</small>
事故にあわないように運転に注意してく
ださい。

사고가 나지 않도록 운전에 주의해 주세요.

명ちゅうい
주의
N4

##

□ **英語**
えいご

英語で話してください。
えいご　はな

영어로 얘기해 주세요.

명 えいご
영어
N5

□ **漢字**
かんじ

漢字で書いてください。
かんじ　か

한자로 써 주세요.

명 かんじ
한자
N5

□ **国**
くに

オリンピックでは、もちろん自分の国を
じぶん　くに
応援する。
おうえん

올림픽에서는 물론 자신의 나라를 응원한다.

명 くに
①국가
②출생지, 고향
N5

□ **国際**
こくさい

この国際会議には、60の国と地域の人が
こくさいかいぎ　　　　くに　ちいき　ひと
参加した。
さんか

이 국제회의에는 60개국과 지역의 사람이 참가
했다.

명 こくさい
국제
N4

□ **言葉**
ことば

性格と、言葉の使い方は関係が深い。
せいかく　ことば　つか　かた　かんけい　ふか

성격과 언어 사용은 관계가 깊다.

명 ことば
말, 언어
N4

□ **字**
じ

字はきれいに書いた方がいいよ。
じ　　　　　か　ほう

글씨는 예쁘게 쓰는 게 좋아.

명 じ
글씨, 글자
N4

□ **辞書**
じしょ

わからない単語を辞書で調べた。
たんご　じしょ　しら

모르는 단어를 사전에서 찾아봤다.

명 じしょ
사전
N5

137

せいよう **西洋**	せいよう りょう り にくりょう り おお 西洋の料理は肉料理が多い。 서양 요리는 고기 요리가 많다. 참고 東洋 동양	명 せいよう 서양 N4
せ かい **世界**	せ かい じんこう 世界の人口はどんどん増えています。 세계 인구는 점점 늘어나고 있습니다.	명 せかい 세계, 세상 N4
はつおん **発音**	に ほん ご はつおん かんたん 日本語の発音は簡単です。 일본어 발음은 쉽습니다.	명 はつおん 발음 N4
ぶんぽう **文法**	えい ご ぶんぽう にが て 英語の文法が苦手です。 영어 문법이 서투릅니다.	명 ぶんぽう 문법 N4

つうやく **通訳する**	かい ぎ りゅうがくせい つうやく 会議では留学生が通訳しました。 회의에서는 유학생이 통역했습니다.	동 つうやくする 통역하다 N3
ほんやく **翻訳する**	きょう じゅう しょるい ほんやく 今日中にこの書類を翻訳します。 오늘 중으로 이 서류를 번역하겠습니다.	동 ほんやくする 번역하다 N4
アクセント	に ほん ご むずか 日本語のアクセントは難しい。 일본어 악센트는 어렵다.	명 あくせんと 악센트 N3

えん **円**	この時計は8,000円です。 이 시계는 8,000엔입니다.	명 えん 엔, 일본의 화폐 단위 N5

かね **お金**	もっとお金があれば、海外旅行に行きたいなあ。 돈이 좀 더 있으면 해외여행을 가고 싶어.	명 おかね 돈, 금전 N5

かね も **お金持ち**	お金持ちでも幸せかどうかはわからない。 부자라도 행복할지 어떨지는 모른다.	명 おかねもち 부자, 자산가 N4

ね だん **値段**	店とネットショップでは商品の値段が違う。 가게와 온라인 샵에서는 상품의 가격이 다르다.	명 ねだん 가격 N4

おつり	買い物をした時、おつりを間違えてもらった。 쇼핑을 했을 때 거스름돈을 잘못 받았다.	명 おつり 거스름돈 N4

りょうがえ **両替**	銀行でウォンを円に両替しました。 은행에서 원을 엔으로(원화를 엔화로) 환전했습니다.	명 りょうがえ 환전 N3

信号 신호

自動車 자동차

交差点 교차로

横断歩道 횡단보도

バス 버스

タクシー 택시

<ruby>飛行機<rt>ひこうき</rt></ruby> 비행기

<ruby>地下鉄<rt>ちかてつ</rt></ruby> 지하철

<ruby>船<rt>ふね</rt></ruby> 배

<ruby>列車<rt>れっしゃ</rt></ruby> 열차

<ruby>自転車<rt>じてんしゃ</rt></ruby> 자전거

オートバイ / バイク 오토바이

□ **安全**
あんぜん

安全を確認して横断歩道を渡ります。
あんぜん かくにん おうだんほどう わた

안전을 확인하고 나서 횡단보도를 건넙니다.

명 あんぜん
안전
N4

□ **案内する**
あんない

外国人に英語で道を案内した。
がいこくじん えいご みち あんない

외국인에게 영어로 길을 안내했다.

동 あんないする
안내하다
N4

□ **受付**
うけつけ

受付をしてから、入ってください。
うけつけ はい

접수를 한 다음에 들어가십시오.

명 うけつけ
접수, 접수처
N4

□ **売り場**
う ば

化粧品売り場は1階です。
けしょうひん う ば かい

화장품 매장은 1층입니다.

명 うりば
파는 곳, 매장,
매표소
N4

□ **外国**
がいこく

外国に住む親戚に会うため、飛行機に
がいこく す しんせき あ ひこうき
乗った。
の

외국에 사는 친척을 만나기 위해 비행기를 탔다.

명 がいこく
외국
N4

□ **会話**
かいわ

英語の勉強を10年したが、自由に会話が
えいご べんきょう ねん じゆう かいわ
できない。

영어 공부를 10년 했지만 자유롭게 회화를 할 수
없다.

명 かいわ
회화
N4

□ **〜方**
かた

新幹線のチケットの買い方が分かりません。
しんかんせん か かた わ

신칸센 티켓 사는 법을 모르겠습니다.

명 〜かた
(동사 ます형에
접속) 〜하는 법
N4

□ カメラ	このカメラは古いので、新しいカメラがほしいです。 이 카메라는 낡아서 새 카메라를 갖고 싶습니다.	名 かめら 카메라 N5
□ 見物 けんぶつ	明日時間があれば、東京見物に行きませんか。 내일 시간이 있으면 도쿄 구경을 하러 가지 않을래요?	名 けんぶつ 구경, 관람 N4
□ コンサート	コンサートのため、東京を訪れました。 콘서트 때문에 도쿄를 방문했습니다.	名 こんさーと 콘서트 N4
□ 写真 しゃしん	この写真は沖縄で撮りました。 이 사진은 오키나와에서 찍었습니다.	名 しゃしん 사진 N5
□ つもり	明日は水上バスに乗ってお台場へ行くつもりです。 내일은 수상 버스를 타고 오다이바에 갈 생각입니다.	名 つもり 생각, 작정, 의도 N4
□ 荷物 にもつ	この荷物はとても重いです。 이 짐은 너무 무겁습니다.	名 にもつ 짐 N4
□ ホテル	出張のためにホテルを予約した。 출장을 위해서 호텔을 예약했다.	名 ほてる 호텔 N5

花見
はなみ

先週、会社の人たちと花見に行きました。
지난주에 회사 사람들과 꽃구경을 갔습니다.

名 はなみ
꽃구경, 주로
벚꽃을 구경하고
즐기며 노는 것
N4

ボタン

このボタンを押してからお金を入れてく
ださい。
이 버튼을 누른 다음에 돈을 넣어 주세요.

名 ぼたん
버튼, 단추
N5

祭り
まつ

浅草の三社祭はとても有名な祭りです。
아사쿠사의 산자마츠리는 매우 유명한 축제입니다.

名 まつり
축제
N3

参考 보통「お祭り」라고 함

店
みせ

この通りには小さい店がたくさんある。
이 거리에는 작은 가게가 많이 있다.

名 みせ
가게, 상점
N5

お土産
みやげ

京都に行ってお土産に人形を買ってきま
した。
교토에 가서 기념품으로 인형을 사 왔습니다.

名 おみやげ
선물, 기념품,
지역 토산품
N3

予定
よ てい

来週、ニューヨークに出張する予定です。
다음 주, 뉴욕에 출장 갈 예정입니다.

名 よてい
예정
N4

予約
よ やく

出発前に飛行機の予約をします。
출발 전에 비행기 예약을 합니다.

名 よやく
예약
N4

りょかん
□ 旅館

_{おんせん}温泉のある_{りょかん}旅館に_と泊まりたいのですが。

온천이 있는 여관에 묵고 싶은데요.

명 りょかん
여관
N4

りょこう
□ 旅行

_{ともだち}友達と_{りょこう}旅行の_{けいかく}計画を_た立てる。

친구와 여행 계획을 세운다.

명 りょこう
여행
N4

わす もの
□ 忘れ物

_{わす}忘れ_{もの}物をしないように_{じゅうぶん}十分_き気をつけてく
ださい。

물건을 잃어버리지 않도록 충분히 주의해 주세요.

명 わすれもの
물건을 잊고 감,
잊은 물건
N4

めずら
□ 珍しい

この_{くに}国には_{めずら}珍しい_{どうぶつ}動物がたくさんいる。

이 나라에는 희귀한 동물이 많이 있다.

형 めずらしい
드물다, 희귀하다
N4

さか
□ 盛んだ

_{にほん}日本では、サッカーがとても_{さか}盛んです。

일본에서는 축구가 매우 인기가 있습니다.

형 さかんだ
번성하다,
왕성하다
N4

とくべつ
□ 特別だ

_{ことし}今年の_{なつやす}夏休みは_{とくべつ}特別な_{ばしょ}場所へ_い行きたいです。

올해 여름휴가 때는 특별한 장소에 가고 싶습니다.

형 とくべつだ
특별하다
N4

う
□ 売る

_{ふる}古い_{ほん}本を_う売ることにした。

오래된 책을 팔기로 했다.

동 うる
팔다
N5

☐ **思い出す**
おもいだす

旅行を終えてその旅を思い出す時が一番幸せです。

여행을 마치고 그 여행을 회상할 때가 가장 행복합니다.

동 おもいだす
생각해 내다,
회상하다
N4

☐ **ツイン**

ツインの部屋にパジャマが一つしかありません。

트윈 룸에 잠옷이 하나밖에 없습니다.

명 ついん
트윈 (룸)
N4

☐ **連休**
れんきゅう

5月の連休には海外旅行を計画しています。

5월 연휴에는 해외여행을 계획하고 있습니다.

명 れんきゅう
연휴
N4

☐ **温泉**
おんせん

冬の北海道では温泉が楽しみだ。

겨울의 홋카이도에서는 온천이 즐거움이다(기대된다).

명 おんせん
온천
N3

☐ **往復する**
おうふく

山の頂上までロープウェイで往復できる。

산 정상까지 로프웨이(케이블카)로 왕복할 수 있다.

동 おうふくする
왕복하다
N3

☐ **リュック**

旅行はリュックで行けば便利だ。

여행은 배낭으로 가면 편리하다.

명 りゅっく
배낭, 백팩
N4

☐ **名物**
めいぶつ

旅行に行った時はそこの名物を食べます。

여행을 갔을 때는 그곳의 명물을 먹습니다.

명 めいぶつ
명물
N3

お菓子 かし	お菓子を買ってください。 과자를 사 주세요.	명 おかし 과자(菓子)의 공손한 말 N3
お茶 ちゃ	お茶を飲みませんか。 차를 마시지 않겠습니까? 	명 おちゃ 차(茶)의 공손한 말 N5
牛肉 ぎゅうにく	牛肉は豚肉より高いです。 소고기는 돼지고기보다 비쌉니다.	명 ぎゅうにく 소고기 N5
牛乳 ぎゅうにゅう	毎朝、牛乳を飲みます。 매일 아침 우유를 마십니다.	명 ぎゅうにゅう 우유 N5
果物 くだもの	果物は体にいいから、たくさん食べてください。 과일은 몸에 좋으니까 많이 드세요.	명 くだもの 과일 N5
ご飯 はん	母は毎日、家族のためにご飯を作っている。 엄마는 매일 가족을 위해서 밥을 만들고 있다.	명 ごはん 밥, 식사 N5
米 こめ	今年の夏は涼しかったので、米の値段が上がりました。 올해 여름은 시원했기 때문에 쌀값이 올랐습니다.	명 こめ 쌀 N4

음식

□ 魚
さかな

魚はあまり好きじゃありません。
생선은 별로 안 좋아합니다.

図さかな
물고기, 생선
N5

□ お酒
さけ

あまりたくさんお酒を飲んではいけません。
너무 많이 술을 마셔서는 안 됩니다.

図おさけ
술
N3

□ サンドイッチ

お昼に食べたサンドイッチはおいしかったです。
점심에 먹은 샌드위치는 맛있었습니다.

図さんどいっち
샌드위치
N4

□ ジャム

りんごジャムとイチゴジャムではどちらが好きですか。
사과잼과 딸기잼 중 어느 쪽을 좋아하세요?

図じゃむ
잼
N4

□ 卵
たまご

卵を3個買いました。
달걀을 세 개 샀습니다.

図たまご
달걀, 새 등의 알
N5

□ 鶏肉
とりにく

チキンカレーを作るために鶏肉を買った。
치킨 카레를 만들기 위해서 닭고기를 샀다.

図とりにく
닭고기
N5

□ 肉
にく

私は肉も野菜も好きです。
저는 고기도 채소도 좋아합니다.

図にく
고기
N5

しょくりょうひん **食料品**	しょくりょうひん う ば ち か いっかい **食料品**売り場は地下１階です。 식료품 매장은 지하 1층입니다.	名 しょくりょう ひん 식료품 N4
た もの **食べ物**	た もの のこ **食べ物**を残してはいけない。 음식을 남겨서는 안 된다.	名 たべもの 음식, 먹을 것 N5
の もの **飲み物**	かわ の もの か のどが渇いたので、**飲み物**を買いました。 목이 말라서 음료수를 샀습니다.	名 のみもの 음료수, 마실 것 N5
パン	あさ はん たまご 朝ご飯はいつも**パン**とミルクと卵です。 아침 식사는 항상 빵과 우유와 계란입니다.	名 ぱん 빵 N5
ぶたにく **豚肉**	ぶた にく りょう り サムギョプサルは**豚肉**の料理です。 삼겹살은 돼지고기 요리입니다.	名 ぶたにく 돼지고기 N4
ぶどう	き せつ **ぶどう**がおいしい季節になりました。 포도가 맛있는 계절이 되었습니다.	名 ぶどう 포도 N4
べんとう **お弁当**	こ ども べんとう つく 子供のために**お弁当**を作らなければなりません。 아이를 위해서 도시락을 싸야 합니다.	名 おべんとう 도시락 N4

음식

みず
□ **水**

みず いっぱい ねが
水を一杯お願いします。
물을 한 잔 부탁합니다.

名みず
물
N5

ゆ
□ **お湯**

ゆ い
お湯を入れるだけでおいしいスープが
つく
作れる。
뜨거운 물을 붓기만 하면 맛있는 수프를 만들 수
있다.

名おゆ
①뜨거운 물
②목욕물, 목욕탕

や さい
□ **野菜**

や さい きら だい す
野菜は嫌いですが、きゅうりは大好きです。
채소는 싫어하지만, 오이는 아주 좋아합니다.

名やさい
채소, 야채
N5

ゆうはん
□ **夕飯**

ゆうはん や つく ぎゅうにく か
夕飯にすき焼きを作るので、牛肉を買って
きてもらえますか。
저녁 식사로 스키야키를 만들 건데, 소고기를 사다
줄 수 있어요?

名ゆうはん
저녁밥, 저녁 식사
N5

りょう り
□ **料理**

に ほんりょう り なか なに いちばんくち あ
日本料理の中で何が一番口に合いますか。
일본 요리 중에서 무엇이 가장 입맛에 맞으세요?

名りょうり
요리
N5

あつ
□ **熱い**

なべ あつ き
鍋が熱いですから、気をつけてください。
냄비가 뜨거우니 조심하세요.

あつ
参考 厚い 두껍다, 두텁다

形あつい
뜨겁다,
열이 높다
N4

つめ
□ **冷たい**

なつ つめ
夏は冷たいビールがおいしい。
여름에는 차가운 맥주가 맛있다.

形つめたい
①차다
②냉정하다
N4

□ おお
多い

あの店は美味しくて量も多いので人気が
あります。
저 가게는 맛있고 양도 많아서 인기가 많습니다.

형 おおい
많다
N4

□ すく
少ない

コーヒーの量が少ないですが、もう少し
もらえますか。
커피의 양이 적은데요, 좀 더 주시겠어요?

형 すくない
적다
N5

□ やわ
柔らかい

この店のパンは柔らかくておいしい。
이 가게의 빵은 부드럽고 맛있다.

형 やわらかい
부드럽다
N4

□ へん
変だ

この料理はちょっと変な味がしますね。
이 요리는 좀 이상한 맛이 나는군요.

형 へんだ
이상하다,
보통이 아니다
N4

□ **かむ**

よくかんで食べた方がいいですよ。
잘 씹어서 먹는 것이 좋아요.

동 かむ
씹다
N4

□ き
切る

台所で野菜を切ってください。
부엌에서 채소를 썰어 주세요.

동 きる
①자르다, 썰다
②(관계 등을)
끊다
③(전원 등을)
끄다
N4

□ こま
細かい

まずにんにくを細かく切ってください。
우선 마늘을 잘게 썰어 주세요.

형 こまかい
잘다, 미세하다
N4

참고 みじん切り 잘게 썲, 잘게 썬 것

맛·조미료

□ **味**
あじ

スープの味がちょっと薄いですね。

국물 맛이 좀 싱겁네요.

图 あじ
맛
N4

□ **うまい**

駅前にうまいラーメン屋ができたんです。
えきまえ   や

역 앞에 맛있는 라면집이 생겼어요.

图 うまい
①맛있다
②능숙하다,
　잘하다
N4

□ **おいしい**

ここは何を注文してもおいしい。
　　　なに　ちゅうもん

여기는 무엇을 주문해도 맛있다.

图 おいしい
맛있다
N5

□ **まずい**

この鶏肉、まずいですね。
　　とりにく

이 닭고기, 맛없네요.

图 まずい
①맛이 없다
②서투르다
N5

□ **苦い**
にが

緑茶は苦くて渋いので好きじゃない。
りょくちゃ　にが　　しぶ　　す

녹차는 쓰고 떫어서 좋아하지 않는다.

图 にがい
①쓰다
②씁쓸하다
N4

□ **辛い**
から

このラーメンは辛いけどおいしい。
　　　　　　　から

이 라면은 맵지만 맛있다.

图 からい
맵다
N5

□ **甘い**
あま

甘いものはあまり好きじゃありません。
あま　　　　　　　す

단것은 별로 좋아하지 않습니다.

图 あまい
달다
N5

☐ **しょっぱい**

塩を入れすぎてスープがしょっぱくなった。
소금을 너무 많이 넣어서 수프가(국물이) 짜졌다.
参考 「塩からい」라고도 함

형 しょっぱい
짜다
N3

☐ **酸っぱい**

レモンの酸っぱい香りで脂の多い料理が
食べやすくなります。
레몬의 시큼한 향으로 기름진 요리가 먹기 쉬워집
니다.

형 すっぱい
시다
N3

☐ **砂糖**

コーヒーに砂糖を入れますか。
커피에 설탕을 넣습니까?

명 さとう
설탕
N4

☐ **塩**

そこのテーブルの上にある塩を取って
ください。
거기 테이블 위에 있는 소금을 집어 주세요.

명 しお
소금
N5

☐ **しょうゆ**

しょうゆと塩、どちらが好きですか。
간장과 소금, 어느 쪽을 좋아하세요?

명 しょうゆ
간장
N4

☐ **味噌**

日本の味噌には、赤味噌と白味噌があり
ます。
일본 된장에는 '아카미소(적된장)'와 '시로미소(백
된장)'가 있습니다.

명 みそ
된장
N3

☐ **バター**

パンにバターをつけて食べます。
빵에 버터를 발라서 먹습니다.

명 ばたー
버터
N4

ごはん 밥

ラーメン 라면

そば 소바(메밀국수)

トンカツ 돈가스

すし 초밥

どんぶり 돈부리(덮밥)

パン 빵

ポテト 감자튀김

ケーキ 케이크

ドーナツ 도넛

プリン 푸딩

アイスクリーム 아이스크림

コーヒー 커피

<ruby>牛乳<rt>ぎゅうにゅう</rt></ruby> / ミルク 우유

ウイスキー 위스키

ワイン 와인

쇼핑·패션

上着
うわぎ

今日は少し寒いので、上着を着た方がいいですよ。

오늘은 약간 추우니까 윗도리를 입는 게 나아요.

명 うわぎ
윗도리, 겉옷
N5

贈り物
おく もの

先生への贈り物にワインを買いました。

선생님께 드릴 선물로 와인을 샀습니다.

명 おくりもの
선물
N4

買い物
か もの

明日、買い物に行きましょう。

내일 쇼핑하러 갑시다.

명 かいもの
쇼핑, 장보기
N5

格好
かっこう

格好よりも中身が大切ですよ。

겉모습보다도 내면(내실)이 중요해요.

명 かっこう
①모양, 모습
②체면
N4

かばん

新しいかばんを買いたい。

새로운 가방을 사고 싶다.

명 かばん
가방
N5

絹
きぬ

このネクタイは絹でできています。

이 넥타이는 비단으로 만들어져 있습니다.

명 きぬ
명주, 비단,
견직물
N4

着物
き もの

日本の着物を着たことがありますか。

일본의 기모노를 입어 본 적이 있습니까?

명 きもの
①옷, 의복
②일본 전통 의상,
기모노
N4

くつ **靴**	あの赤い**靴**をはいた女の子を知っていますか。 저 빨간 신발을 신은 여자아이를 아세요?	명 くつ 구두, 신발 N5
くつした **靴下**	昨日、デパートで**靴**と**靴下**を買いました。 어제, 백화점에서 신발과 양말을 샀습니다.	명 くつした 양말 N5
さいふ **財布**	今使っている**財布**が古くなったので新しい**財布**がほしい。 지금 쓰고 있는 지갑이 낡아서 새 지갑을 갖고 싶다.	명 さいふ 지갑 N5
サンダル	海に行くなら**サンダル**をはいた方がいい。 바다에 간다면 샌들을 신는 편이 좋다.	명 さんだる 샌들 N4
したぎ **下着**	冬には厚い**下着**を着る。 겨울에는 두꺼운 속옷을 입는다.	명 したぎ 속옷 N4
シャツ	**シャツ**を着て、ネクタイをしめました。 셔츠를 입고 넥타이를 맸습니다.	명 しゃつ 셔츠 N5
スーツケース	海外旅行に行くために、大きい**スーツケース**を買った。 해외여행을 가기 위해서 큰 여행 가방을 샀다.	명 すーつけーす 슈트 케이스, 여행 가방 N4

쇼핑 · 패션

□ **スカート**	あの黄色いスカートをはいている人はどなたですか。 저 노란 치마를 입은 사람은 누구십니까?	명 すかーと 스커트, 치마 N5
□ **ズボン**	財布はズボンのポケットに入れました。 지갑은 바지 주머니에 넣었습니다.	명 ずぼん 바지 N5
□ **スリッパ**	学校の中では靴を脱いでスリッパをはきます。 학교 안에서는 신발을 벗고 슬리퍼를 신습니다.	명 すりっぱ 슬리퍼 N4
□ **セーター**	今日は寒いですから、あたたかいセーターを着てください。 오늘은 추우니까, 따뜻한 스웨터를 입으세요.	명 せーたー 스웨터 N5
□ **背広**	その背広はいくらですか。 그 양복은 얼마입니까?	명 せびろ 양복 N4
□ **全部**	全部でいくらですか。 전부 다 해서 얼마인가요?	명 부 ぜんぶ 전부 N4
□ **タイプ**	顔が丸い人は四角いタイプのサングラスが似合う。 얼굴이 둥근 사람은 사각 타입의 선글라스가 어울린다.	명 たいぷ 타입, 유형 N4

□ デパート	デパートで売っている服はちょっと高いですね。 백화점에서 파는 옷은 좀 비싸네요.	图でぱーと 백화점 N5

□ 手袋 てぶくろ	母の誕生日に手袋をあげました。 엄마의 생일에 장갑을 드렸습니다.	图てぶくろ 장갑 N4

□ ネクタイ	このネクタイは父に似合わないです。 이 넥타이는 아버지한테 어울리지 않습니다.	图ねくたい 넥타이 N5

□ 服 ふく	パーティーに着ていく服を探している。 파티에 입고 갈 옷을 찾고 있다.	图ふく 옷, 의복 N5

□ プレゼント	このネクタイは彼女からのプレゼントです。 이 넥타이는 여자 친구한테 받은 선물입니다.	图ぷれぜんと 선물 N4

□ 帽子 ぼうし	佐藤さんがかぶっている帽子はかわいいですね。 사토 씨가 쓰고 있는 모자는 귀엽네요.	图ぼうし 모자 N4

□ ポケット	このかばんにはポケットが二つもついているので、便利です。 이 가방에는 주머니가 두 개나 달려 있어서 편리합니다.	图ぽけっと 포켓, 주머니 N5

쇼핑·패션

眼鏡 (めがね)

自分に似合う眼鏡を買った。
자신에게(나한테) 어울리는 안경을 샀다.

图 めがね
안경
N5

物 (もの)

物を大切にする習慣が必要です。
물건을 소중히 하는 습관이 필요합니다.

图 もの
물건, 물품, 상품
N4

指輪 (ゆびわ)

誕生日に彼女に指輪をプレゼントする
つもりです。
생일에 여자 친구에게 반지를 선물할 생각입니다.

图 ゆびわ
반지
N4

洋服 (ようふく)

もうすぐ春なので、新しい洋服がほしい
です。
곧 있으면 봄이라서 새 옷을 갖고 싶습니다.

图 ようふく
옷
N5

ワイシャツ

あの白いワイシャツはいくらですか。
저 흰색 와이셔츠는 얼마예요?

图 わいしゃつ
와이셔츠
N4

新しい (あたらしい)

新しいケータイを買いたいです。
새 휴대 전화를 사고 싶습니다.

图 あたらしい
새롭다,
신선하다
N5

厚い (あつい)

もっと厚い服はありませんか。
더 두꺼운 옷은 없습니까?

参考 熱い 뜨겁다, 열이 높다

图 あつい
두껍다, 두텁다
N5

うす 薄い	春になったので、薄いセーターを買った。 봄이 되어서 얇은 스웨터를 샀다.	형 うすい ①(두께가) 얇다 ②(맛이) 약하다 N5
うつく 美しい	美しいバラを一本買って母にあげました。 아름다운 장미를 한 송이 사서 엄마께 드렸습니다.	형 うつくしい 아름답다 N4
おかしい	春に黒ワンピースっておかしいですか。 봄에 검은 원피스는 이상한가요?	형 おかしい ①이상하다 ②우습다 N4
かわいい	ピンクの方がかわいいと思います。 핑크 쪽이 귀엽다고 생각합니다.	형 かわいい 귀엽다, 사랑스럽다 N5
ほ 欲しい	あの赤い服を着た人形が欲しいです。 저 빨간 옷을 입은 인형을 갖고 싶습니다.	형 ほしい ①갖고 싶다 ②(상대방이) 　~해 주면 좋겠다 N4
まる 丸い	丸いテーブルを買うか四角いテーブルを 買うか悩んでいます。 둥근 테이블을 살지 네모난 테이블을 살지 고민입 니다.	형 まるい ①둥글다 ②원만하다 N5
やす 安い	安くて品質のいい洋服のブランドを教え てください。 저렴하고 품질 좋은 의류 브랜드를 알려 주세요.	형 やすい (값이) 싸다 N5

同じだ _{おな}	このセーターはサイズが全て同じだ。 이 스웨터는 사이즈가 전부 같다.	형 おなじだ 같다, 동일하다 N5

きれいだ	きれいなワンピースを買いました。 예쁜 원피스를 샀습니다. 机の上をきれいにしてください。 책상 위를 깨끗이 치워 주세요.	형 きれいだ ①예쁘다 ②깨끗하다 N5

合う _あ	この靴は足に合わないので、もう少し大きいのを見せてください。 이 신발은 발에 안 맞으니까 좀 더 큰 것을 보여 주세요.	동 あう ①합치다 ②꼭 맞다 ③어울리다 N4

要る _い	店員に「レシートは要りますか」と聞かれた。 점원이 "영수증 필요하세요?"라고 물었다.	동 いる 필요하다 N5

選ぶ _{えら}	プレゼント用のハンカチを選ぶ。 선물용 손수건을 고른다.	동 えらぶ 고르다, 선택하다 N4

買う _か	デパートで赤い靴を買いました。 백화점에서 빨간 구두를 샀습니다.	동 かう (물건 등을) 사 N5

□ かぶる

<ruby>帽<rt>ぼう</rt></ruby><ruby>子<rt>し</rt></ruby>をかぶって<ruby>外<rt>そと</rt></ruby>に<ruby>出<rt>で</rt></ruby>ます。
모자를 쓰고 밖에 나갑니다.

동 かぶる
(머리 등에) 쓰다,
덮어쓰다
N5

□ <ruby>着<rt>き</rt></ruby>る

あの<ruby>着物<rt>きもの</rt></ruby>を<ruby>着<rt>き</rt></ruby>ている<ruby>女<rt>おんな</rt></ruby>の<ruby>人<rt>ひと</rt></ruby>はきれいですね。
저 기모노를 입고 있는 여자분은 예쁘시네요.

동 きる
①(옷을) 입다
②(은혜를) 입다
N4

□ レジ

<ruby>レジ<rt></rt></ruby>の<ruby>人<rt>ひと</rt></ruby>がとても<ruby>親切<rt>しんせつ</rt></ruby>だった。
계산대 사람(직원)이 매우 친절했다.

명 れじ
계산대
N4

□ すてきだ

すてきなワンピースを<ruby>買<rt>か</rt></ruby>いました。
멋진 원피스를 샀습니다.

형 すてきだ
멋지다
N4

□ カード

<ruby>支払<rt>しはらい</rt></ruby>はカードでします。
지불은 카드로 하겠습니다.

명 かーど
카드
N3

□ <ruby>似合<rt>にあ</rt></ruby>う

<ruby>外国人<rt>がいこくじん</rt></ruby>でも<ruby>着物<rt>きもの</rt></ruby>が<ruby>似合<rt>にあ</rt></ruby>う<ruby>人<rt>ひと</rt></ruby>がいます。
외국인이라도 기모노가 어울리는 사람이 있습니다.

동 にあう
어울리다
N3

事故
じこ

車とバイクの事故が起きた。
자동차와 바이크 사고가 일어났다.

명 じこ
사고
N4

故障
こしょう

車が故障したので、今日は会うことが
できません。
차가 고장 나서 오늘은 만날 수 없습니다.

명 こしょう
고장
N4

火
ひ

タバコの火でやけどをしたことがある。
담뱃불에 화상을 입은 적이 있다.

명 ひ
불
N3

火事
かじ

昨夜、近所の家で火事がありました。
어젯밤, 이웃집에서 화재가 있었습니다.

명 かじ
화재
N4

危険だ
きけん

危険だと思ったら、すぐに逃げなさい。
위험하다고 생각되면 바로 도망가거라.

형 きけんだ
위험하다
N4

危ない
あぶ

危ないですから、気をつけてください。
위험하니까 조심하세요.

형 あぶない
위험하다
N5

急だ
きゅう

家へ帰ろうとした時、急に雨が降ってきた。
집에 돌아가려고 할 때 갑자기 비가 내리기 시작
했다.

형 きゅうだ
급하다,
급작스럽다
N4

<ruby>問題<rt>もんだい</rt></ruby>	<ruby>問題<rt>もんだい</rt></ruby>が<ruby>発生<rt>はっせい</rt></ruby>したため、システムを<ruby>終了<rt>しゅうりょう</rt></ruby>します。 문제가 발생하여 시스템을 종료합니다.	명 もんだい 문제 N5
<ruby>反対<rt>はんたい</rt></ruby>	<ruby>私<rt>わたし</rt></ruby>たちはこの<ruby>戦争<rt>せんそう</rt></ruby>に<ruby>絶対<rt>ぜったい</rt></ruby>に<ruby>反対<rt>はんたい</rt></ruby>です。 우리는 이 전쟁에 절대 반대입니다.	명 はんたい 반대 N4
<ruby>原因<rt>げんいん</rt></ruby>	<ruby>警官<rt>けいかん</rt></ruby>が<ruby>一生懸命<rt>いっしょうけんめい</rt></ruby>、<ruby>事故<rt>じこ</rt></ruby>の<ruby>原因<rt>げんいん</rt></ruby>を<ruby>調<rt>しら</rt></ruby>べていました。 경찰관이 열심히 사고의 원인을 조사하고 있었습니다.	명 げんいん 원인 N4
<ruby>理由<rt>りゆう</rt></ruby>	<ruby>大事<rt>だいじ</rt></ruby>な<ruby>会議<rt>かいぎ</rt></ruby>に<ruby>遅<rt>おく</rt></ruby>れた<ruby>理由<rt>りゆう</rt></ruby>は<ruby>何<rt>なん</rt></ruby>ですか。 중요한 회의에 늦은 이유는 무엇입니까?	명 りゆう 이유 N4
うそ	<ruby>友達<rt>ともだち</rt></ruby>にうそをついてしまって、とてもつらいです。 친구에게 거짓말을 해 버려서 매우 괴롭습니다.	명 うそ 거짓(말) N4
けんか	あの<ruby>二人<rt>ふたり</rt></ruby>はいつもけんかしていますが、<ruby>本当<rt>ほんとう</rt></ruby>は<ruby>仲<rt>なか</rt></ruby>がいいんです。 저 둘은 항상 싸우고 있지만, 사실은 사이가 좋습니다.	명 けんか 싸움, 다툼 N4

트러블

しっぱい
失敗

彼は失敗を恐れて何もしないでいる。
그는 실패를 두려워해서 아무것도 하지 않고 있다.

图 しっぱい
실패, 실수
N4

せんそう
戦争

早く戦争が終わることをみんなが望んで
います。
빨리 전쟁이 끝나기를 모두가 바라고 있습니다.

图 せんそう
전쟁
N4

だいじ
大事

怪我をしたが、大事には至らなかった。
부상을 당했지만 큰일로 번지지는 않았다.
(=심각한 부상은 아니었다.)

图 だいじ
중대한 사건,
큰일
N4

たいへん
大変だ

仕事がたくさんあって大変です。
일이 많아서 힘듭니다.

形 たいへんだ
힘들다(부사로는
매우, 몹시)
N4

だめだ

ベストを尽くしてもだめだった。
최선을 다해도 안 됐다.

形 だめだ
소용없다, 못쓰다,
안 되다
N4

どろぼう
泥棒

昨晩、隣の家に泥棒が入りました。
어젯밤, 옆집에 도둑이 들었습니다.

图 どろぼう
도둑
N4

ひどい

今日は道路がひどく混んでいる。
오늘은 도로가 심하게 막히고 있다.

形 ひどい
심하다
N4

残念だ ざんねん	残念ですが、明日は用事があるので、行く ことができません。 유감스럽지만, 내일은 볼일이 있어서 갈 수 없습니다.	형 ざんねんだ 유감이다, 아쉽다 N4
打つ う	転んで頭を強く打った。 넘어져서 머리를 세게 부딪쳤다.	동 うつ 두드리다, 치다, 부딪치다 N4
起こす お	問題を起こさないように、気をつけてください。 문제를 일으키지 않도록 조심하십시오.	동 おこす ①일으키다 ②잠을 깨우다 N4
怒る おこ	友人が大きな声で怒った。 친구가 큰 소리로 화를 냈다.	동 おこる 화내다, 성내다 N4
落ちる お	階段から落ちて足の骨が折れた。 계단에서 떨어져서 다리뼈가 부러졌다.	동 おちる 떨어지다, 낙하하다 N4
落とす お	テーブルから皿を落として、割ってしまった。 테이블에서 접시를 떨어뜨려서 깨뜨리고 말았다.	동 おとす 떨어뜨리다, 잃어버리다 N4
困る こま	最近物忘れがひどく、困っています。 요즘 건망증이 심해서 곤란합니다.	동 こまる 난처하다, 곤란하다 N5

□ 壊す
こわ

カメラを落として壊してしまった。
カ메라를 떨어뜨려서 고장 내(부숴) 버렸습니다.

[동] こわす
①부수다
②고장 내다
N4

□ 壊れる
こわ

携帯電話が壊れてしまいました。
휴대 전화가 고장 나 버렸습니다.

[동] こわれる
①부서지다,
파손되다
②고장 나다
N4

□ うるさい

隣の部屋は少しうるさいです。
옆방은 좀 시끄럽습니다.

[형] うるさい
①시끄럽다
②번거롭다
N5

□ 騒ぐ
さわ

夜遅い時間に、外で騒いではいけません。
밤늦은 시간에 밖에서 떠들어서는 안 됩니다.

[동] さわぐ
떠들다,
소란 피우다
N4

□ 叱る
しか

授業中に話していたら、先生に叱られた。
수업 중에 얘기하고 있다가 선생님한테 혼났다.

[동] しかる
꾸짖다, 화내다
질책하다
N4

□ 死ぬ
し

去年、祖父が病気で死にました。
작년에 할아버지가 병으로 돌아가셨습니다.

[동] しぬ
죽다
N5

□ 無理に
む り

この仕事が嫌なら、無理にしなくても
いいんですよ。
이 일이 싫으면 억지로 하지 않아도 돼요.

[부] むりに
무리하게, 억지
N4

きって
□ 切手

手紙を出す時は切手を貼ってください。
편지를 보낼 때는 우표를 붙여 주세요.

명 きって
우표
N5

はがき
□ 葉書

北海道に旅行に行った時、友達に葉書を出しました。
홋카이도에 여행 갔을 때 친구에게 엽서를 보냈습니다.

명 はがき
엽서
N5

てがみ
□ 手紙

最近は手紙をやり取りすることがほとんどなくなりました。
요즘에는 편지를 주고받는 일이 거의 없어졌습니다.

명 てがみ
편지
N5

はなし
□ 話

大切な話があるので、静かにしてください。
중요한 이야기가 있으니까 조용히 해 주세요.

명 はなし
이야기, 말, 소문
N5

□ ニュース

毎晩、9時からニュースを見ます。
매일 밤, 9시부터 뉴스를 봅니다.

명 にゅーす
뉴스
N4

ほうそう
□ 放送

最近、日本では韓国ドラマが放送されています。
최근 일본에서는 한국 드라마가 방송되고 있습니다.

명 ほうそう
방송
N4

ばんぐみ
□ 番組

最近テレビをつけても面白そうな番組はありません。
요즘 텔레비전을 틀어도 재미있을 것 같은 프로그램은 없습니다.

명 ばんぐみ
(방송 등의)
프로그램
N4

169

□ 連絡
れんらく

ご用の際は、この電話番号までご連絡く
ださい。

용건이 있으시면 이 전화번호로 연락해 주십시오.

명 れんらく
연락
N4

□ メール

このごろは年賀状のかわりにメールで
挨拶を送る人が多い。

요즘은 연하장 대신에 메일로 인사를 보내는 사
람이 많다.

명 めーる
메일
N4

□ スマホ

歩きながらスマホを見るのは危険です。

걸으면서 스마트폰을 보는 것은 위험합니다.

참고 「スマートフォン」의 줄임말

명 すまほ
스마트폰
N4

□ パソコン

一日中パソコンを使っていて運動不足に
なりました。

하루 종일 컴퓨터를 써서 운동 부족이 되었습니다.

명 ぱそこん
컴퓨터
N4

□ メッセージ

山田さんからメッセージが届いています。

야마다 씨로부터 메시지가 도착했습니다.

명 めっせーじ
메시지
N2

□ 返事
へんじ

明日までに返事をしてください。

내일까지 답을 해 주세요.

명 へんじ
대답, (말이나
편지의) 회답
N4

음성 듣기

4 부록

- 부사
- 접속사
- 관용어
- 품사 활용표
- 조수사
- 일본 공휴일
- 색인

부사

□ **いつも**	うちでは**いつも**父が皿を洗う。 우리 집에서는 언제나 아버지가 설거지를 한다.	언제나, 늘
□ **必ず**	明日までに**必ず**持ってきてください。 내일까지 꼭 가져오세요.	반드시, 꼭
□ **決して**	あなたのしたことは**決して**間違いでは ありません。 당신이 한 것은 결코 잘못된 것이 아닙니다.	결코, 절대로
□ **しっかり**	**しっかり**食べないとだめですよ。 잘 먹지 않으면 안 돼요.	①단단히 ②확실히
□ **しばらく**	疲れたなら、そこで**しばらく**休んでも いいですよ。 피곤하면 거기서 잠깐 쉬어도 돼요.	잠깐, 당분간
□ **ずいぶん**	**ずいぶん**遠くまで来た。 꽤 먼 데까지 왔다.	대단히, 몹시, 꽤
□ **すっかり**	気がつくと、あたりは**すっかり**暗くなっ ていた。 정신이 들자 주위는 완전히 어두워져 있었다.	온통, 몽땅, 완전히

☐ **ずっと**	煎よりずっといい条件のバイトを見つけた。 전보다 훨씬 좋은 조건의 아르바이트를 찾았다. この道をずっと行くと海に出ますよ。 이 길로 쭉 가면 바다가 나와요.	①훨씬, 매우 ②줄곧, 쭉
☐ **ぜひ**	ぜひ、今度一緒にテニスをしましょう。 다음에 꼭 같이 테니스를 칩시다.	아무쪼록, 제발, 꼭
☐ **そろそろ**	もう12時なので、そろそろお昼ごはんを食べに行きませんか。 벌써 12시니, 슬슬 점심 먹으러 가지 않을래요?	①천천히, 슬슬 ②이제 곧
☐ **だいたい**	この部屋にはだいたい100人くらい入ることができます。 이 방에는 대강 100명 정도가 들어갈 수 있습니다.	대체(로), 대강, 거의
☐ **たいてい**	たいていの人は趣味を持っている。 대부분의 사람은 취미를 가지고 있다.	대개, 대부분, 대강
☐ **だいぶ**	体調もだいぶ良くなりました。 컨디션도 꽤 좋아졌어요.	꽤, 상당히, 어지간히

□ **確か**
たし

確か田中さんは3日前から出張で北海道
たし た なか　　　　　　みっ か まえ　　　しゅっちょう　ほっかいどう
へ行っているはずです。
い
분명 다나카 씨는 3일 전부터 출장으로 홋카이도
에 가 있을 것입니다.

분명히, 확실히,
틀림없이, 아마

□ **例えば**
たと

例えば、きゅうりやにんじんを野菜と
たと　　　　　　　　　　　　　　　や さい
いいます。
예를 들면, 오이나 당근을 채소라고 합니다.

예를 들면,
예컨대

□ **たまに**

彼はたまにうちへ来て、一緒に食事をする。
かれ　　　　　　　　き　　いっしょ　しょくじ
그는 가끔 우리 집에 와서 같이 식사를 한다.

가끔, 이따금

□ **ちっとも**

君がそんなに困っているなんてちっとも
きみ　　　　　　こま
知らなかったよ。
し
네가 그렇게 어려운 상황이라니 전혀 몰랐어.

조금도, 전혀
(뒤에 부정어를
수반)

□ **ちょうど**

会議は2時ちょうどに始まります。
かい ぎ　　じ　　　　　　　はじ
회의는 2시 정각에 시작됩니다.

마침, 딱 알맞게

□ **とうとう**

5年間の仕事もとうとう明日で終わります。
ねんかん　し ごと　　　　　　　あした　お
5년 동안 해 온 일도 드디어 내일로 끝납니다.

드디어, 결국

□ **どうも**

何をすればいいかどうも分かりません。
なに　　　　　　　　　　　わ
뭘 하면 좋을지 도무지 모르겠습니다.

①정말, 매우
②전혀, 도무지

174

□ **なかなか**	昨日見た映画は**なかなか**面白かったね。 어제 본 영화는 꽤 재미있었지.	①상당히, 꽤 ②좀처럼(흔히 　부정어 수반)
□ **なるべく**	**なるべく**早く帰ってきてね。 되도록 빨리 돌아와.	되도록, 가능한 한
□ **はっきり**	だめならだめだと、**はっきり**言うべきです。 안 되면 안 된다고 확실히 말해야 합니다.	분명히, 확실히
□ **ほとんど**	休みの日は**ほとんど**家で寝ています。 쉬는 날은 거의 집에서 잡니다.	대부분, 거의
□ **やっと**	1時間して、**やっと**一匹、魚を釣ることが できました。 한 시간 지나서야 간신히 한 마리 물고기를 낚을 수 있었습니다.	겨우, 간신히
□ **やっぱり**	**やっぱり**仕事の後のビールは最高だね。 역시 일한 후의 맥주는 최고지. 참고 「やはり」라고도 함	역시
□ **まず**	家に帰って**まず**手を洗います。 집에 돌아와서 먼저 손을 씻습니다. 참고 あとで 후에, 나중에	우선, 먼저

175

접속사

□ **けれど・ けれども**	昨日彼に電話しました。**けれど、**彼は電話に出ませんでした。 어제 그에게 전화했습니다. 하지만 그는 전화를 받지 않았습니다.	하지만, 그러나, ~지만, ~는데
□ **じゃ・じゃあ**	**じゃあ、**来週学校で会いましょう。 그럼, 다음 주 학교에서 만납시다. 참고 「では」의 줄임말	그럼, 그러면
□ **すると**	泣いている子にお菓子をあげました。**すると**泣くのをやめて笑いました。 울고 있는 아이에게 과자를 주었습니다. 그러자 우는 것을 멈추고 웃었습니다.	①그러자, 그러니까 ②그러면
□ **そして**	昨日は新宿に行きました。**そして、**洋服を買いました。 어제는 신주쿠에 갔습니다. 그리고 옷을 샀습니다.	그래서, 그리고 나서
□ **それから**	明日は日本語の勉強をします。**それから**友達と映画を見に行きます。 내일은 일본어 공부를 합니다. 그다음에 친구와 영화를 보러 갑니다.	그다음에, 그리고 나서
□ **それで**	道がとても込んでいました。**それで**遅れてしまいました。 길이 너무 막혔습니다. 그래서 늦고 말았습니다.	그래서, 그런 까닭으로

□ **それでは**	日本に3年も住んでいたんですか。 **それでは**、日本語が上手でしょうね。 일본에 3년이나 사셨습니까? 그러면 일본어를 잘 하시겠네요.	그러면, 그렇다면
□ **それに**	このお店はおいしいですよ。**それに** 値段もあまり高くありません。 이 가게는 맛있어요. 게다가 가격도 그다지 비 싸지 않아요.	①게다가, 더욱이 ②그런데도, 그러함에도
□ **だから**	昨日から頭がちょっと痛いんです。 **だから**、今日は飲みに行かないで帰り ます。 어제부터 머리가 좀 아파요. 그래서 오늘은 술 마시러 가지 않고 돌아가겠습니다.	그러니까, 그래서
□ **では**	**では**、また来週会いましょう。 그럼, 또 다음 주에 만납시다.	그럼, 그렇다면
□ **でも**	**でも**、私には見せてください。 그래도 저에게는 보여 주세요.	그래도, 그렇더라도

□ **気が合う**
き あ

気が合う友達に出会った。
마음이 맞는 친구를 만났다.

きがあう
마음이 맞다

□ **気がある**
き

彼は彼女に気があるらしい。
그는 그녀에게 관심이 있는 것 같다.

きがある
관심이 있다

□ **気が利く**
き き

気が利くと人に好かれるものだ。
재치가 있으면 다른 사람에게 사랑받는 법이다.

きがきく
재치(센스) 있다,
눈치 빠르다

□ **気に入る**
き い

一目で気に入った。
첫눈에 마음에 들었다.

きにいる
마음에 들다

□ **気にする**
き

人のうわさなんか気にするな。
다른 사람의 소문 따위 신경 쓰지 마라.

きにする
신경 쓰다,
마음에 두다,
걱정하다

□ **気を付ける**
き つ

忘れ物をしないように気を付けよう。
물건을 잃어버리지 않도록 주의하자.

きをつける
주의하다,
조심하다

178

| 気が付く | 間違いに気が付いた。
잘못을 깨달았다. | きがつく
깨닫다,
알아차리다 |

| 気になる | テストの結果が気になる。
시험 결과가 신경 쓰인다. | きになる
신경 쓰이다 |

| 頭にくる | 人から頭にくる言葉を言われた。
다른 사람에게 화가 나는 말을 들었다. | あたまにくる
화가 나다,
열받다 |

| 頭を抱える | たくさんの宿題に頭を抱えている。
많은 숙제에 골머리를 앓고 있다. | あたまをかかえる
머리를 싸다,
고민하다 |

| 頭を冷やす | 頭を冷やして話し合う。
마음을 가라 앉히고 대화한다. | あたまをひやす
머리를 식히다,
냉정을 되찾다,
냉정히 생각하다 |

| 頭が固い | 頭が固い人は何でも否定する。
완고한 사람은 무엇이든 부정한다. | あたまがかたい
완고하다,
고집이 세다,
고지식하다 |

□ 首を長くする
くび　なが

合格通知を首を長くして待っている。
ごう かく つう ち　くび　なが　　ま

합격 통지를 학수고대하고 있다.

くびをながくする
몹시 기다리다

□ 首になる
くび

ある日突然会社を首になった。
ひ とつぜんかいしゃ　くび

어느 날 갑자기 회사를 잘렸다.

くびになる
해고 당하다

□ 顔が広い
かお　ひろ

彼が芸能界で一番顔が広い。
かれ　げいのうかい　いちばんかお　ひろ

그가 연예계에서 가장 발이 넓다.

かおがひろい
아는 사람이 많다
발이 넓다

□ 顔を出す
かお　だ

同窓会に顔を出すことにした。
どうそうかい　かお　だ

동창회에 참석하기로 했다.

かおをだす
얼굴을 내밀다,
참석하다

□ 目に付く
め　つ

大きなビルが目に付いた。
おお　　　　　め　つ

큰 빌딩이 눈에 띄었다.

めにつく
눈에 띄다

□ 目がない
め

甘いものには目がない。
あま　　　　　め

단것에는 사족을 못 쓴다.

人を見る目がない。
ひと　み　め

사람을 보는 눈이 없다.

めがない
①몹시 좋아하다
②안목이 없다

目を通す め　とお	毎朝、新聞に目を通している。 まいあさ　しんぶん　め　とお 매일 아침 신문을 훑어보고 있다.	めをとおす 쭉 훑어보다, 대강 보다
鼻が高い はな　たか	彼はテストの成績がよくて鼻が高い。 かれ　　　　　　せいせき　　　　　はな　たか 그는 시험 성적이 좋아서 기고만장이다.	はながたかい 콧대가 높다, 우쭐하다
鼻につく はな	彼の冗談がだんだん鼻についてきた。 かれ　じょうだん　　　　　　はな 그의 농담이 점점 지겨워졌다.	はなにつく 싫증나다, 지겹다
鼻を折る はな　お	満点を取って彼の鼻を折ってやった。 まんてん　と　　　かれ　はな　お 만점을 받아서 그의 콧대를 꺾어 주었다.	はなをおる 콧대를 꺾다
耳を傾ける みみ　かたむ	先生の話に耳を傾けた。 せんせい　はなし　みみ　かたむ 선생님의 말씀에 귀를 기울였다.	みみをかたむける 귀를 기울이다
耳にする みみ	転校生が来るという話を耳にした。 てんこうせい　く　　　　　　はなし　みみ 전학생이 온다는 이야기를 들었다.	みみにする 듣다

口に合う

納豆は私の口に合う。

낫토는 내 입에 맞는다.

くちにあう
입에 맞다

口にする

口にするのも嫌な話はしない方がいい。

입에 담기도 싫은 말은 하지 않는 편이 좋다.

朝から何も口にしていない。

아침부터 아무것도 먹지 않고 있다.

くちにする
말하다, 먹다

口が軽い

彼は口が軽くて信用できない。

그는 입이 가벼워서 신용할 수 없다.

くちがかるい
입이 가볍다

手につかない

何だか最近仕事が手につかない。

왠지 요즘 일이 손에 잡히지 않는다.

てにつかない
(일이) 손에
잡히지 않는다

手に負えない

子供がわがままで手に負えない。

아이가 제멋대로여서 감당할 수 없다.

てにおえない
벅차다,
감당할 수 없다

手を借りる

私は人の手を借りることが苦手だ。

나는 타인의 도움을 받는 것이 서툴다.

てをかりる
손을 빌리다,
도움을 받다

□ 手に入れる	コンサートのチケットを手に入れた。 콘서트 티켓을 손에 넣었다.	てにいれる 손에 넣다, 입수하다, 얻다
□ 手に乗る	まんまとその手に乗ってしまった。 감쪽같이 그 수에 넘어가고 말았다.	てにのる 술수에 넘어가다
□ 腕がいい	イタリアで勉強したから料理の腕が いい。 이탈리아에서 공부했기 때문에 요리 솜씨가 좋다.	うでがいい 솜씨가 좋다
□ 足を引っぱる	チームの足を引っぱってしまった。 팀의 발목을 잡고 말았다.	あしをひっぱる 발목을 잡다, 방해하다
□ 足が出る	予算から1万円の足が出た。 예산에서 만 엔의 적자가 났다.	あしがでる 적자가 나다
□ 足を洗う	ギャンブルから足を洗った。 도박에서 손을 뗐다.	あしをあらう 나쁜 일에서 손을 떼다

✳ 품사 활용표

❶ 형용사 및 명사의 접속 활용표

표현 유형 / 접속어		기본형 ~い / だ	정중 표현 ~です	부정 표현 ~くない ~ではない	연결 표현 ~くて ~で	과거 표현 ~かった ~だった	과거 정중 표현 ~かったです ~でした
형용사 명사							
い형용사	ひろい 넓다	ひろい	ひろいです	ひろくない	ひろくて	ひろかった	ひろかった です
	うれしい 기쁘다	うれしい	うれしいです	うれしくない	うれしくて	うれしかった	うれしかった です
	いい(よい) 좋다	いい(よい)	いいです	よくない	よくて	よかった	よかったです
	おおきい 크다	おおきい	おおきいです	おおきくない	おおきくて	おおきかった	おおきかった です
	すくない 적다	すくない	すくないです	すくなくない	すくなくて	すくなかった	すくなかった です
	ない 없다	ない	ないです	なく(は)ない なくない	なくて	なかった	なかったです ありませんで した
い형용사 활용	食べたい 먹고 싶다	食べたい	食べたいです	食べたくない	食べたくて	食べたかった	食べたかった です
な형용사	きれいだ 깨끗하다	きれいだ	きれいです	きれいではない	きれいで	きれいだった	きれいでした
	同じだ 같다	同じだ	同じです	同じではない	同じで	同じだった	同じでした
	健康だ 건강하다	健康だ	健康です	健康ではない	健康で	健康だった	健康でした
명사 + だ	健康だ 건강이다	健康だ	健康です	健康ではない	健康で	健康だった	健康でした
	学生だ 학생이다	学生だ	学生です	学生ではない	学生で	学生だった	学生でした

조건 표현 가정 표현	형용사적 표현 (명사 수식)	부사적 표현 (동사 수식)	추측 표현(1)	추측 표현(2)	추측 표현(3)
~ければ ~なら(ば)	い / な / の	~く ~に	~だろう ~かろう	~そうだ	~ようだ
ひろければ	ひろい＋명사	ひろく＋동사	ひろいだろう ひろかろう	ひろそうだ	ひろいようだ
うれしければ	うれしい＋명사	うれしく＋동사	うれしいだろう うれしかろう	うれしそうだ	うれしいようだ
よければ	いい(よい)＋명사	よく＋동사	いい(よい)だろう よかろう	よさそうだ	いい(よい)ようだ
おおきければ	おおきい (おおきな)＋명사	おおきく＋동사	おおきいだろう おおきかろう	おおきそうだ	おおきいようだ
すくなければ	すくない＋명사	すくなく＋동사	すくないだろう すくなかろう	すくなそうだ	すくないようだ
なければ	ない＋명사	なく＋동사	ないだろう なかろう	なさそうだ	ないようだ
食べたければ	食べたい＋명사	食べたく＋동사	食べたいだろう 食べたかろう	食べたそうだ	食べたいようだ
きれいなら(ば)	きれいな＋명사	きれいに＋동사	きれいだろう	きれいそうだ	きれいなようだ
同じなら(ば)	同じ＋명사	同じに＋동사	同じだろう		同じようだ
健康なら(ば)	健康な＋명사	健康に＋동사	健康だろう	健康そうだ	健康なようだ
健康なら(ば)	健康の＋명사		健康だろう		健康のようだ
学生なら(ば)	学生の＋명사	学生に＋동사	学生だろう		学生のようだ

2 동사의 접속 활용표

동사 종류	표현 유형 접속어	기본형 ~u (~다)	ます형(정중형) ~ます (~ㅂ니다)	ない형(부정형) ~ない (~않다)	て형(연결형) ~て (~고, ~서)	た형(과거형) ~た (~었다)
1그룹 동사		押す 누르다	おします	おさない	おして	おした
		行く 가다	いきます	いかない	いって	いった
		書く 쓰다	かきます	かかない	かいて	かいた
		泳ぐ 수영하다	およぎます	およがない	およいで	およいだ
		死ぬ 죽다	しにます	しなない	しんで	しんだ
		読む 읽다	よみます	よまない	よんで	よんだ
		飛ぶ 날다	とびます	とばない	とんで	とんだ
		言う 말하다	いいます	いわない	いって	いった
		待つ 기다리다	まちます	またない	まって	まった
		乗る 타다	のります	のらない	のって	のった
		くださる 주시다	くださいます	くださらない	くださって	くださった
		減る 줄다	へります	へらない	へって	へった
		切る 자르다	きります	きらない	きって	きった
2그룹 동사		着る 입다	きます	きない	きて	きた
		寝る 자다	ねます	ねない	ねて	ねた
3그룹 동사		する 하다	します	しない	して	した
		来る 오다	きます	こない	きて	きた
		協力する 협력하다	協力します	協力しない	協力して	協力した

가정형	명령형	의지형	수동 표현	사역 표현	가능 표현
~ば (~면)	~e / ~ろ (よ) (~해라)	~う / よう (~해야지)	~れる / られる (~당하다)	~せる / させる (~시키다)	~eる / られる (~할 수 있다)
おせば	おせ	おそう	おされる	おさせる	おせる
いけば	いけ	いこう	いかれる	いかせる	いける
かけば	かけ	かこう	かかれる	かかせる	かける
およげば	およげ	およごう	およがれる	およがせる	およげる
しねば	しね	しのう	しなれる	しなせる	しねる
よめば	よめ	よもう	よまれる	よませる	よめる
とべば	とべ	とぼう	とばれる	とばせる	とべる
いえば	いえ	いおう	いわれる	いわせる	いえる
まてば	まて	まとう	またれる	またせる	まてる
のれば	のれ	のろう	のられる	のらせる (のせる)	のれる
くだされば	ください				
へれば				へらす	へりうる
きれば	きれ	きろう	きられる	きらせる	きれる
きれば	きろ(きよ)	きよう	きられる	きさせる (きせる)	きられる (きれる)
ねれば	ねろ(ねよ)	ねよう	ねられる	ねさせる	ねられる (ねれる)
すれば	しろ(せよ)	しよう	される	させる	できる
くれば	こい	こよう	こられる	こさせる	こられる (これる)
協力すれば	協力しろ	協力しよう	協力される	協力させる	協力できる

물건 (~つ / ~개)	작은 물건 (~個 / ~개)	얇은 물건 (~枚 / ~장)
ひとつ	**いっこ**	いちまい
ふたつ	にこ	にまい
みっつ	さんこ	さんまい
よっつ	よんこ	よんまい
いつつ	ごこ	ごまい
むっつ	**ろっこ**	ろくまい
ななつ	ななこ	ななまい
やっつ	**はっこ**	はちまい
ここのつ	きゅうこ	きゅうまい
とお	じゅっこ	じゅうまい
いくつ?	なんこ？	なんまい？

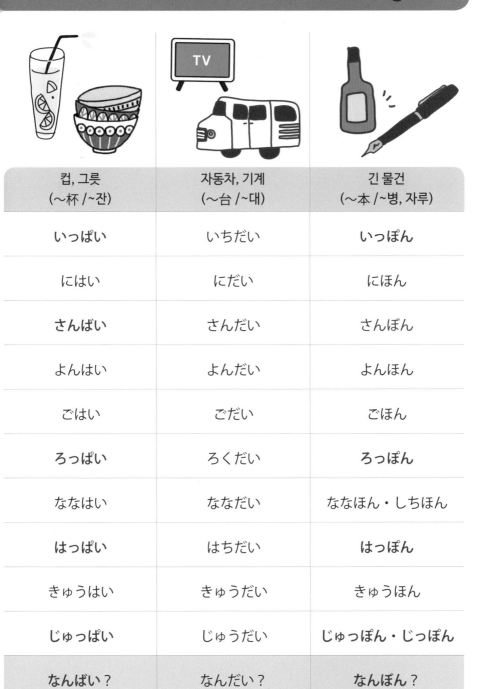

컵, 그릇 (〜杯 /〜잔)	자동차, 기계 (〜台 /〜대)	긴 물건 (〜本 /〜병, 자루)
いっぱい	いちだい	**いっぽん**
にはい	にだい	にほん
さんばい	さんだい	さんぼん
よんはい	よんだい	よんほん
ごはい	ごだい	ごほん
ろっぱい	ろくだい	**ろっぽん**
ななはい	ななだい	ななほん・しちほん
はっぱい	はちだい	**はっぽん**
きゅうはい	きゅうだい	きゅうほん
じゅっぱい	じゅうだい	**じゅっぽん・じっぽん**
なんばい？	**なんだい？**	**なんぼん？**

조수사(시간)

～時 / ~시	～分 / ~분	～か月 / ~개월
いちじ	いっぷん	いっかげつ
にじ	にふん	にかげつ
さんじ	さんぷん	さんかげつ
よじ	よんぷん	よんかげつ
ごじ	ごふん	ごかげつ
ろくじ	ろっぷん	ろっかげつ
しちじ	ななふん	ななかげつ
はちじ	はっぷん	はっかげつ
くじ	きゅうふん	きゅうかげつ
じゅうじ	じゅっぷん・じっぷん	じゅっかげつ・じっかげつ
なんじ？	なんぷん？	なんかげつ？

월(月)표현

1月	2月	3月	4月	5月	6月	7月
いちがつ	にがつ	さんがつ	しがつ	ごがつ	ろくがつ	しちがつ

8月	9月	10月	11月	12月	?	
はちがつ	くがつ	じゅう がつ	じゅういち がつ	じゅうに がつ	^{なんがつ}何月	

요일(曜日), 날짜(日)표현

^{にちよう び}日曜日	^{げつよう び}月曜日	^{か よう び}火曜日	^{すいよう び}水曜日	^{もくよう び}木曜日	^{きんよう び}金曜日	^{ど よう び}土曜日
	1日 ついたち	2日 ふつか	3日 みっか	4日 よっか	5日 いつか	6日 むいか
7日 なのか	8日 ようか	9日 ここのか	10日 とおか	11日 じゅういち にち	12日 じゅうに にち	13日 じゅうさん にち
14日 じゅう よっか	15日 じゅうご にち	16日 じゅうろく にち	17日 じゅうしち にち	18日 じゅうはち にち	19日 じゅうく にち	20日 はつか
21日 にじゅういち にち	22日 にじゅうに にち	23日 にじゅうさん にち	24日 にじゅう よっか	25日 にじゅうご にち	26日 にじゅうろく にち	27日 にじゅうしち にち
28日 にじゅうはち にち	29日 にじゅうく にち	30日 さんじゅう にち	31日 さんじゅういち にち			何日 なんにち

十円 <small>じゅうえん</small>	百円 <small>ひゃくえん</small>	千円 <small>せんえん</small>	万円 <small>まんえん</small>
10 じゅうえん	100 ひゃくえん	1,000 せんえん	10,000 **いちまんえん**
20 にじゅうえん	200 にひゃくえん	2,000 にせんえん	20,000 にまんえん
30 さんじゅうえん	300 **さんびゃくえん**	3,000 **さんぜんえん**	30,000 さんまんえん
40 よんじゅうえん	400 よんひゃくえん	4,000 よんせんえん	40,000 よんまんえん
50 ごじゅうえん	500 ごひゃくえん	5,000 ごせんえん	50,000 ごまんえん
60 ろくじゅうえん	600 **ろっぴゃくえん**	6,000 ろくせんえん	60,000 ろくまんえん
70 ななじゅうえん	700 ななひゃくえん	7,000 ななせんえん	70,000 ななまんえん
80 はちじゅうえん	800 **はっぴゃくえん**	8,000 **はっせんえん**	80,000 はちまんえん
90 きゅうじゅうえん	900 きゅうひゃくえん	9,000 きゅうせんえん	90,000 きゅうまんえん

1月1日
がんじつ
元日

설날

1月 第2月曜日
せいじん ひ
成人の日

성인의 날

2月11日
けんこく き ねん び
建国記念日

건국기념일

2月23日
てんのうたんじょう び
天皇誕生日

일왕 생일(2020年~)

3月20日ごろ
しゅんぶん ひ
春分の日

춘분

4月29日
しょう わ ひ
昭和の日

쇼와의 날

5月3日
けんぽう き ねん び
憲法記念日

헌법기념일

5月4日
ひ
みどりの日

자연의 날

5月5日
こ ども ひ
子供の日

어린이날

7月 第3月曜日
うみ ひ
海の日

바다의 날

8月11日
やま ひ
山の日

산의 날

9月 第3月曜日
けいろう ひ
敬老の日

경로의 날

9月23日ごろ
しゅうぶん ひ
秋分の日

추분

10月 第2月曜日
ひ
スポーツの日

스포츠의 날

11月3日
ぶん か ひ
文化の日

문화의 날

11月23日
きんろうかんしゃ ひ
勤労感謝の日

근로감사의 날

✳ 색인

색인

か

색인

── さ ──

색인

✳ 색인

な

일본어 공부기술연구소
(Study Tech Institute)

시사일본어사와 시사일본어학원의 40여 년 노하우가 집약된 공부기술
연구소는 현장에서 검증된 교육 방법은 물론, 학습자가 무엇을 요구하
고 있는지 정확하게 조사하고 그 결과를 분석해 과학적인 교육 방법을
찾아 연구하는 기관입니다. 공부기술연구소 정예의 일본어 전문가들은
새로운 발상과 연구, 국내외의 네트워크 활용 등을 통해 일본어 학습의
신모델을 꾸준히 제시하고 있습니다.

착! 붙는
일본어
단어장

초판 발행	2016년 6월 15일
1판 10쇄	2023년 12월 29일
개정판 발행	2024년 5월 10일

저자	일본어 공부기술연구소
편집	조은형, 김성은, 오은정, 무라야마 토시오
펴낸이	엄태상
디자인	권진희, 이건화
일러스트	eteecy(표지), 박지해(내지)
조판	이서영
콘텐츠 제작	김선웅, 장형진
마케팅	이승욱, 왕성석, 노원준, 조성민, 이선민
경영기획	조성근, 최성훈, 김다미, 최수진, 오희연
물류	정종진, 윤덕현, 신승진, 구윤주

펴낸곳	시사일본어사(시사북스)
주소	서울시 종로구 자하문로 300 시사빌딩
주문 및 교재 문의	1588-1582
팩스	0502-989-9592
홈페이지	www.sisabooks.com
이메일	book_japanese@sisadream.com
등록일자	1977년 12월 24일
등록번호	제300-2014-31호

ISBN   978-89-402-9403-1(13730)